JN119481

忘れられない日本人

民話を語る人たち

小野和子

目次

刊行によせて

二〇一九年の暮れ、一冊の本を出版した。

『あいたくて　ききたくて　旅にでる』という本で、民話採訪者・小野和子さんが、地縁も血縁もない東北の地で、一軒一軒その戸を叩きながら民話を乞う旅を記した「民話採訪日記」が軸になっており、民話とともに語られた「民の歴史」や、抜き差しならない状況から生まれた「物語りの群れ」を、全身全霊で聞く小野さんのありようが、切実な筆致であらわされたものだ。

わたしはこの本を出版すべく、なにもかも手探りのまま本づくりを始めて、気がつくと版元になっていた。それから、四年が経つ。出版後まもなくパンデミックが世界を覆い、わたしは以前から決まっていたメキシコでの一年半の研究生活をおくり、いまは、腕に一歳十カ月の娘を抱えながら、この原稿を書いている。要するに、本を出版してから、版元らしいことは、ほとんどなにもできなかった。

にもかかわらず、この本はわたしの手を離れ、ずいぶん遠くまで旅をした。その様子は、ちょうど小野さんが聞いてきた「民話」のようで、人々に聞き語られることで手渡され、多くの読者と出会っていった。

極小で駆け出しの版元から出された第一冊目の本としては、驚異的な旅路を辿ったと思う。しかし、ひとたび頁をめくれば、その驚きは影を潜め、得心するはずだ。わたしは、小野和子さんほど、広々とした人を他に知らない。「いまの自分のままじゃ、聞けないですよ。古い自分を打ち捨てなくちゃ、語ってくださる方にとてもとても見合わない」とは、彼女の口癖で、自身の吟味と変革を重ねてきた人。

前作の出版後、小野さんから、「実は、もう一冊、書いていたものがあるの」と、原稿が送られてきた。『忘れられない日本人 ―― 民話を語る人たち』と名付けられたこの本は、彼女が東北の地で、何十年と深い付き合いを重ねた八名の語り手の、その人生を編んだものだ。さらに最終話にはわたしの希望で、小野さんが実母について綴った随想も収めさせてもらった。そう遠くない過去に、人間としての尊厳を手放さずに生きた人々のその生は、この狂気の時代にあって、生きることの本来の意味を、深々とみせてくれるだろう。

小野さんが「逆立ちしても敵わない」と語るその野史への接続を試みるべく、なんとかこの本をつくった。それは進歩の名のもとで、退歩を続ける現在の日本において、自分の足で確かに歩んだ人の足跡を辿りなおす試みでもある。みなさんによって読みひらかれていくことを願う。

二〇二四年二月　清水チナツ

第一章

佐藤とよいさん

戸数十四戸の山奥の村に生きる

一　仲良しばあちゃんの死

山形県西置賜郡小国町（にしおきたまぐんおぐにまち）の駅を降りて、飯豊山（いいでさん）を前方に望む小さな町をいくつか過ぎ、飯豊山の裾に横たわる小さな集落である長者原（ちょうじゃはら）に着きました。

一九九〇年七月のことで、ここへ来るのは四度目でした。長者原に住む佐藤とよいさん（明治三十五［一九〇二］年生）の民話を聞くために、ここしばらく通っていたのですが、その日お会いしたとよいさんは痛々しいほど肩を落として、眼を泣きはらしておられました。

聞いてみると、とよいさんより二つ歳上にあたる八十九歳になる「仲良しばあちゃん」が、数日前に亡くなったというのでした。

「風呂さ、刺さって死んだ」

とよいさんは、袂から手ぬぐいを出して涙を拭きながら、こう言われました。

仲良しばあちゃんは、風呂桶の中へ、頭から落ちて死んだと言うのです。木製で円形の風呂桶は、直径は一メートルちょっとで、高さはせいぜい九〇センチほどだったと言います。入るための踏み台は置いてあっても、年寄りにはむずかしい高さだったかもしれません。うまく足から入り込めなくて、頭が先に桶の中へ入ってしまった悲しさを「風呂さ、刺さって……」と表現するその言葉に、わたしは悲しみの激しさと、得も言われぬ暮らしの凄味を感ずるのでした。

仲良しばあちゃんは、とよいさんの幼なじみで、とよいさんと同じく、戸数十四戸の山奥の集落であるここ長者原で生まれ、そこで育ち、嫁にいき、母になり、祖母になり、いま長者原の土に還っていかれたのです。

亡くなる前日に二人は会って、お茶を飲みながら、こんな話をしたと言います。

「曲戸（まがりど）の淵さ石を投げ込んで、そいつ拾うことができたのは、おれとおまえの二人コだったなあ」

深さ六メートルもある曲戸の淵の底へ小石を投げ込んで、もぐってその石を拾いにいった少女の日に思いを馳せ、仲良しばあちゃんはそう語って、目を細めたそうです。

「二人で、『河童コみでえだ』って言われたもんだったなあ。おれもおまえも勝ち気なもんであって、お互いに負けたくねえって……」

とよいさんも笑って答えたそうです。

この世との別れの日、仲良しばあちゃんは、少女の日に見た曲戸の淵に沈む小石を、風呂桶の底に見ながら、そこへまっしぐらに刺さっていったのかもしれません。

わたしは胸をおさえながら、とよいさんの言葉を聞きました。

とよいさんは、自分の生涯をよく川の流れにたとえて語ります。

川の流れだって、いつもきらきら流れているわけでもねえべ。滝もあるし、ぶつかる岩もある。
それでも流れ流れて大海（たいかい）さ出る。おれの一生にも、大きな滝が二つあったぞ。
だけんど、こいつは他人（ひと）にしゃべらねえ。黙って、あの世まで持っていくつもりだ。
おれは川の流れのように、一生笑い浮かべて暮らすべと思うよ。
他人には、まずい顔を見せねえで……。

とよいさんは、こう言って口をすぼめて笑いました。

「川の流れのように笑い浮かべて暮らすべ」

こう語るとよいさんの慈愛に育まれ、語り出された民話の数々を聞かせてもらうしあわせに、わたしは巡り合っていたのでした。それは深い山奥の集落で、何百年をかけてひっそりと語り継がれていた無数の物語の群れでした。

日本文化の高い峰を土台で支えてきた名もなき人々の血脈が、そこには数えきれない「滝」を秘めて横たわっていたのです。

二　とよいさんの語りを初めて聞く

一九八八年二月、厳冬の長者原へ足を踏み入れ、初めてとよいさんに会った日のことを、わたしは、終生、忘れないでしょう。

あの日、六メートルあまりも両脇に積み上げられた雪の壁をぬって、わたしは友人の早坂功（いさお）・泰子（やすこ）夫妻にともなわれて、当時、八十六歳のとよいさんに引き合わされたのでした。

それより五年前に、早坂夫妻は、息子大介さんを北アルプス穂高で亡くされていました。登山中の大介さんを襲った雪崩が、二十六歳の若い命を無残にも奪ったのでした。残されたお二人が、「大介の分まで生きよう」と、ようやく気力をたぐりよせたとき、そこに柳田國男著『遠野物語』の一冊があったことを、あとで聞きました。

山と同じように「民話」を愛した大介さんが、初めての給料でこの本を母泰子さんに贈ったということです。この本を胸に抱いて、泰子さんがわたしの家を訪ねてこられたのは、大介さんの死の翌年のことでした。「民話のことはなにも知らないのですが、大介が好きだった民話というものについてもっと知りたいのです。仲間にしてください」

そう言って、泰子さんは、わたしが責任者を務めていた小さなサークル「みやぎ民話の会」に入会したいと申し出られたのでした。

五十歳を超えた泰子さんの、果敢な生への挑戦がこのときから始まりました。わたしは泰子さんと連れ立って、幾度も民話を求めてあちこちを歩きました。突然にある町や村を訪ねて、民話を語ってくださる方を、やみくもに探し求めるこの旅は、決して容易なものではありませんでしたが、泰子さんはめげないで歩き続けられました。

そうするうちに、自身も登山者であった泰子さんは、かつて世話になった登山宿の佐藤とよいさんの面影をふと思い出し、

〈あのおばあちゃんは、民話を語る人かもしれない〉

そう思ったと言います。

これは泰子さんの頭にひらめいた直観でした。

とよいさんに連絡すると、「ああ、知ってる。知ってる」といううれしい返事がきたということで、わたしは、厳冬のその日、早坂夫妻に伴われて、とよいさんのもとへ向かったのでした。

両親と同じように山を愛した大介さんは、飯豊山に登った折に、とよいさんの世話になり、とよいさんも大介さんをよく知っておられました。

早坂夫妻との久しぶりの挨拶のあと、泰子さんが、

「大介がね……」

言葉をつまらせながら、彼の遭難について話そうとすると、すでにそれを知っていたとよいさんは、手を横に振って、

「言うな。言うな」

と、泰子さんに、それ以上、言わせませんでした。

そして、流れる涙を手ぬぐいで拭いながら、

「そってでは、ひとつ語るか」

と言って、すぐに語り始められたのです。それはこんな一話でした。

降り続ける雪を、窓の外に見ながら、せつせつと続いたその語りは、いまは亡き大介さんに捧げられる鎮魂の読経にも似て、聞く者の胸に迫りました。

九千年生きる老けず(ふ)の貝

むがしあったけどやれ。

ある村に、ぞっくりした（立派な）男年寄り衆、いであったどぉ。

ある庚申の夜、その年寄り衆あつまって、

「今夜はお庚申さまだから、お庚申さま待ち（徹夜で読経）しねえか」

って、四人五人で、村はずれの家にこもっていたどやれ。

したば、よなよなと白髪のじさ（爺）来て、

「おやおや、おれば待っていでくったが。ありがと、ありがと」

って言って、流し（台所）さ行って、ごづりごづりとなにか切って、小ちぇ鍋さ入れで、みんなのいる囲炉裏の鈎さ引っかけて、また流しさ行って、なにしてるんだか出てこねえじもの。

そのうち、鍋のもの、ことりことりと煮立ってきたども、じさ、まだ流しから出てこねじもの。

そうしつど、一人のじさ、そっと、鍋の蓋すかして中身ば見たれば、なんか、赤子（赤ん坊）切ったようなもの煮えていたじもの。

「なんだ。なんだ。こいつ、赤子でねえか。おらはこんなもの食ねえから、帰る」

って、逃げていったどぉ。一人帰り、二人帰りして、一人のじさだけ残して、みんな帰ってしまったじもの。このじさ、

「これは庚申さまに相違ねえ。庚申さまが赤子食うはずねえ。おれはここにいてご馳走になる」

って、残ったじもの。

鍋のものが、ことりことりと煮あがった頃、白髪のじさ、流しから出はってきたっけが、

「おやおや。お前一人になったのか。みな帰ったか。いい、いい、鍋の中身見たな」

って。

「これなあ、赤子のように見えるども、赤子でねえ。これは老けずの貝というもんで、この肉を食うと九千年生きられる。みんなにご馳走すべえと思ったども、いい、いい。お前にご馳走すっから、うんと食え」

って。

「そしてな、ながなが生きて、東方朔（とうぼうさく）の作試（さくだめ）しというものを試せ。九千年生きれば、正月一日の朝げの雲立ちで、その年の出来事からなにからみんなわかるようになっから。それが東方朔の作試しというものだから、お前、長生きしてそれを本に著せ」

って、老けずの貝をご馳走してくれたどやれ。

そしたば、庚申さまの言うように、じいちゃん、長生きして、正月一日の朝げの雲立ちを見て、やれ疫病あるとか、風吹くとか、朝霧だとか夕霧だとか、みんな言い当てて、教えてくったもんだどぉ。

そして、九千年生きて『東方朔の作試し』という本を著したんであったどぉ。

その本、おれの実家の泉岡（いずみおか）の久助（きゅうすけ）（とよいさんの実家の屋号）にあったの、おれ見たことあったんだが、いつのまにかなくなってしまったなあ。惜しいことをしたんであったどぉ。

ふしぎな話でした。

赤ん坊を煮たように見えたそれは、実は貝であって、それを食すると九千年という気が遠くなるほどの寿命が与えられるというのです。それを食べたおじいさんは、後に一冊の本を書き、それが有名な『東方朔の作試し』だというのです。その「本」がとよいさんの実家に存在して、それを見たことがあったという現実性をもって、虚構と現実とが入り混じった姿で語られました。

とよいさんは、ここ長者原からほとんど外へ出たことがない人でした。ここで生まれ、ここで育ち、小学校六年を終えると、川向こうの家に十六歳で嫁ぎ、六人の子を儲け、ここで今日まで暮らしてきた人でした。

戸数わずか十四戸の、山奥の集落である長者原から、外へ出たことがないとよいさんが、前漢の時代の人で、西王母（せいおうぼ）の桃を盗み食いして、長寿をほしいままにしたという「東方朔」の名を、こともなげに口にし、その著書について語り、それが自分の実家に実在していたと語っておられるのです。驚きました。

こういうときに、地底深く這うようにして、そこに脈々と息づく、「文化」と名付けるべきものの姿をまざまざと見るような感動を覚えます。ここにこそ、文化と呼ぶべきものが生きて在るのだと思わずにいられないのです。

もうひとつ驚いたことがありました。

語り終わったとよいさんは、独り言のように呟かれたのです。

「九千年も生きるこったら、本当に大変だ。くれるって言われても、おら、そんな寿命は要らねえ。天からもらった寿命で死ねるのは、しあわせなことだ」

そのときは、何気なくこの言葉を聞いたのですが、わたしはあとではっとしました。とよいさんは、こう思われたのではないでしょうか。

いま、ここに若くして亡くなった息子の死を悲しんでいる早坂夫妻を前にして、命に限りがあるということは、それが長くても短くても、「限り」の中で生きられることの有難さというものが、また、存在しているのだ、と。語り終わったあとのとよいさんの呟きが、わたしの耳にはそのように聞こえたのでした。もし無限に生きなければならないとしたら、それは、もはや大きな不幸というべきなのではないか。命に限りがあったことを、決して嘆いてはならない。そういうことを、暗に言おうとされたのではないか。この一話を、最初に語られたということには、こんなとよいさんの思いがあってのことで、それを、この一話に託して、伝えようとされたのではないか。わたしは、そんなことを思ったのでした。

時折、涙を拭いながら、「九千年生きる老けずの貝」を選んで、とつとつと語ったあの日のとよいさん。その姿を思い出すと、わたしは深く頭を垂れます。

三　とよいさんが生まれた長者原

とよいさんの世界は、ここ長者原がすべてです。

とよいさんの言葉を借りると、「膝さ、手置くようになってから」、ぼろ布をつめた段ボールの箱を窓辺に置いて、それを腰掛にしてちょこんと座って、窓の外を眺めるのが日課だと言います。とよいさんの手は、どんなときにも動いていたので、いま年老いて、なにもしないでいられることを「膝さ、手置くようになってから」と表現されたのも忘れられません。

窓の外を眺めているとよいさんに、

「ばあちゃん。そこでなにしてた」

下を通る人が声をかけると、こう返事したそうです。

「おら、ここで世間ば見下ろしてた」

日がな一日、そこにすわって目に入るのは、山であり、川であり、空であり、田であり、ただに長者原の自然です。これが、とよいさんの全世界だといってよいでしょう。

長者原は、山形県西置賜郡小国町大字小玉川（こたまがわ）に含まれています。その昔は長者原ではなくて長蛇原と言われ、おびただしい蛇が棲息する葦谷地であったと言い伝えられ、さらにはるかな昔は、のちに掘り出された丸石の重なりから推しはかって、河原地であったろうということです。

戸数は戦前戦後をとおして変わらず、その数はわずか十四戸。飯豊連峰が目の前にあり、冬は五メートルを超す積雪をみます。毎年、この地では雪で死ぬ人がかならず一人二人あるという豪雪の山の集落です。

ここに人が住みついたのは江戸初期の頃で、人々は、山での狩猟による動物と川でとった魚をおもな食物としながら、わずかな平地を見つけて田をつくり、山を焼いて畑にし、山野からは山菜、木の実、きのこなどを得て、自給自足の生活を維持していたと言います。それは、ずっといまも続き、とよいさんも、

「着る物から、履く物から、被る物から、みんなこの手でつくった」

と言われます。

そのせいか、十四戸のうち、地主から土地を借りて米をつくる小作農はわずか二軒で、大部分は、自分の手で開墾した土地で米づくりする自作農でした。これもまた自給自足の形態においてはじめて成り立った生活の厳しさと、長者原の立地条件とに深くかかわりを持つものと思われます。

とよいさんの生家も婚家も、ともに自作農だったけれど、この地でなお小作農として暮らした人のことを語ったとよいさんの言葉が忘れられません。

　おれより二つ余計(よけ)な（年長の）六斗沢(ろくとざわ)の小作の嫁さんよ、一俵米俵背負(しょ)って川越えできて、そこの土手で休んでよ、ぽろりぽろりって泣いてたんだ。

　おれ、そばさ行って、

「なんで泣ぐばぁ。どごか悪いんだがぁ」

って聞いたば、その嫁さん、

「夏のうち、あのような難儀して作った米を、秋になって、こうして背負い出さねばなんねえの、なさけなくて泣いでだ」

ってよ。

「この米、手から放して、地主に渡すのが悲しくて泣いでだ」

って、一俵ずつ米俵背負って、地主のどこさ運んでいったもんだがよ。

　かわいそうでもらい泣きしたじぇ。

とよいさんのやさしい心がにじむ話だと思って聞きました。

四　とよいさんの父、麟松さん

とよいさんは、長者原の朝日山に朝日がのぼると同時に生まれたそうです。父は麟松さん。母はよいさん。その当時、曾祖父母、祖父母、父母、とよいさんの姉このえ（六歳）、兄茂（三歳）、とよいさんの叔父（母の弟）と従兄弟、それに生まれたばかりのとよいさん、一家は十一人の大家族でした。

父麟松さんは他家から婿入りして、母よいさんと夫婦になりましたが、百姓はよいさんとその父親にまかせて、自分は川仕事、山仕事に歩くのをおもな生業にしていたそうです。とよいさんは言います。

> 春は雪のうちから雑魚釣り、雪が消えれば投網打って、夏になれば水をくぐって簎で魚を捕る。秋になれば産卵期の鱒を網にかけたり、曲鈎でひっかける。こうして父親が運んでくる鱒や雑魚で、おれは育てられた。

また、麟松さんは鉄砲撃ち名人で、冬は兎捕り、春は熊狩り、「まず麟松のような鉄砲撃ちはいない」と、いまでも語り草になっているそうです。それも現在のようなライフル銃ではなく、村田銃の三六番という古い型の銃で、弾は散弾ではなく、一つ弾を使う人だったそうです。その弾も鉛を溶かして鋳型に流し込んで自分でつくり、飛ぶ山鳥も、跳ねる兎も、一つ弾一発で射止めたものだと言います。

　しかし、なんといっても長者原の生業を語るとき、「熊狩り」を第一に挙げなければならないでしょう。四月の二十日をはさんで十五日から末日頃まで、ムラをあげての大狩猟「熊山」でも、麟松さんの腕は発揮されました。

　熊狩りは、穴狩、巻狩、追いかけ狩の三つの方法でおこなわれるのが常でした。穴狩は冬眠からさめて穴を出る直前の熊を捕える方法であり、巻狩は穴から出てふらふらと歩き回る熊を、その習性や地形をもとに計画的に捕える方法だそうです。追いかけ狩は、熊が狩人の守備範囲を越えて逃げ出したときに、持ち場を再編成しておこなわれる狩りの方法です。

　どの方法もチームワークによる集団の猟ですが、なかでも全体を見て瞬時に采配をふるう「向立」と、最初の鉄砲を撃つ「一鉄砲」の技量がすべてを左右するそうです。

　麟松さんが「一鉄砲」を受けもち、麟松さんの兄吉蔵さんが「向立」の位置に立って軍立（指示・采配）すればどんな熊も逃がさないと言われるほど、兄弟連れして指折りの狩人であったことは、とよいさんの自慢の種で、何度もその様子を語られました。

　捕った熊の皮と胆は、下に置く暇もなく売れたと言います。越後から来た商人が待ちかまえていて、安い値段で引き取っていったそうですが、長者原の人たちにとっては大事な現金収入でした。熊の肉は、たまには売ることもあるが、ほとんどは家で食べたそうです。

　熊狩りが始まる前の冬山へも麟松さんは猟に出かけ、どんなに雪が降っても山で兎を撃って、四羽も五羽も捕ってきたそうです。その兎の皮むきは、母よいさんと子どもたちの仕事でした。食べきれない肉は、隣の集落の玉川まで売りにいくこともあったそうですが、当時、兎一羽十銭（現在の約五百円）という値段だったことを、とよいさんは覚えていました。

こうして、山や川の幸をふんだんに運んでくれた麟松さんは、山の神さまにその名人腕をさらわれるかのように、四十一歳の男盛りに脳膜炎にかかって、あっ気なく亡くなったのでした。

山や川から帰る父を待ちかまえて、その日の狩りの様子や川での出来事を語る、麟松さんの山話、川話を聞くのが好きで好きでたまらなかったと言うとよいさんでしたが、十六の歳に父を亡くしたことになります。この年、とよいさんは川ひとつ向こうの佐藤家へ嫁ぐことになっていました。

五　とよいさんの母、よいさん

山や川へ出かけて、家を外にする麟松さんにかわって、母よいさんは田畑仕事、養蚕、機織り仕事、年寄りをはじめ十一人の家族の世話をして、膝に手を置く暇のない毎日を送られたそうです。田は二町歩(ちょうぶ)(約二ヘクタール)。よいさんは、よいさんの父親と二人であらまし二町歩の田仕事をこなし、麟松さんの手を借りるのは、五月の田植えと秋の稲刈りぐらいのものでした。

そして、とよいさんは十歳の時から、祖母や母にまじって夜なべ仕事をしたと言います。

昭和十四（一九三九）年に初めて電気がつくまではランプの灯りがたよりでしたが、ほの暗い灯りの下で、夏にかぶる日除けの笠、雨の日の蓑、縄ない、冬に履くじんべい（わら靴）、夏に履く草鞋などの日用品、それに糸を績み、機を織って、着る物を作る、すべては夜なべ仕事で用意されたのでした。

日中は田畑の仕事、冬はおびただしく積もる雪はけの仕事、そして夜は夜で夜なべ仕事です。子どもたちも夜の十時ごろまで、母の夜なべを手伝うのがあたりまえで、眠くなると、昔話を語って聞かせられたそうです。

「仕事をするために昔話を聞かせられたようなもんだ」

とよいさんは当時を思い出して目を細められました。

父麟松さんが四十一歳で亡くなったとき、母よいさんは三十八歳でした。そのとき、姉のこのえさんはすでに嫁ぎ、十六歳のとよいさんも一カ月後に祝言を控えていました。

したがって、麟松さんの死後、よいさんの手もとに残ったのは息子の茂さんで、とよいさんの兄にあたりますが、この人も二十三歳で亡くなります。

その様子を、とよいさんは昨日のことのように語られました。

十九の歳、感冒にかかって、肋膜さ水溜めて死んだ。悪いお医者さんであったか、病人の運であったか、「風邪だ。風邪だ」と、感冒の治療ばりして、肋膜さ気ぃつかねかったじもの。息つけねえほど水溜まっていたどぉ。

それで、「見てて殺すよか」つうんで、いまなら車で行けるども、戸板さ布団敷いて、その上に病人を乗せて、四人五人で新潟県のお医者さんまで担いでもらってよ、峠越えて行ったどぉ。そのときの身形（みなり）とゆうものは、どこかの乞食（ほいど）コみでぇな格好して行ったべよなあ。

戸板に寝かせて、近所の人を助っ人にたのみ、夜を徹して峠を越えて新潟の医者に運んだ甲斐もなく、茂さんはその後、四年間の闘病の末、二十三歳の若さで亡くなったのでした。

よいさんは娘二人を嫁にやったあとで、家督（かとく）息子を失ってしまったことになります。

それで、小さい時から、我が子と一緒に育ててきた、とよいさんの従兄弟を跡目にして暮らすことになるのですが、その育て子も、冬に雪崩の下敷きになって先立ったので、よいさんは二度目の逆縁を体験することになったのでした。よいさんは口ぐせのように、

「おれはなんにも神仏にたのんだことはねぇ。ただ一つ、死ぬとき、ころっと死なせてくれって、それだけ手ぇ合わせてたのんでいる」

そう言っていたそうですが、その願いがとどいてか、ご飯炊きをしながら、かまどの前でころんと倒れて、そのまま亡くなったということです。あとには、手縫いの死装束もすっかり用意してあったそうです。

六　子ども時代のとよいさん

「一番のものの覚えのはじまりは、三つ四つの時だからなあ……」

とよいさんは遠い昔を思い出して言います。

家で三毛猫（さんけねこ）飼ってだごだぇ。それ、かわいくてかわいくて、ちょす（いじる）と、猫は痩せるんだぁ。

「ちょすな、ちょすな」

と言われるども、明けても暮れてもちょすもんだから、倉の鍵なんていって、曲がった大鍵をチョイとはずして、

「なんぼ言ってもきかねえごったら」

って、猫ごとたがかれて（運ばれて）倉さ入れられた。

「ばばさ、助けてくれ。ばばさ、助けてくれ」

って叫（さか）んだば、

「あと、猫ばちょさねえなら助けるし、ちょさば助けねえ」

って言われて、もう絶対に猫ばちょさねえと思って、ばばさの下駄にしがまりついて助けてもらった――あのことはよく覚えでるなあ。

あれがものの覚えのはじまりだ。

また、とよいさんがいまもなつかしく思い出す遊びの一つが「いなし株人形」です。秋になって刈り取りのおわった田の稲株をとって、その根をきれいに泥を落として扱（こ）いで、細い根毛で丸髷（まるまげ）を結ったり、日本髪を結ったり、島田にしたりして、人形をこしらえたそうです。

「家の中さ入れると化けるからなんて言われて、軒端さ台こしらえて、その上で着物着せたりなんかして遊んだもんだ」

と、とよいさんは目を細めます。

人形遊びの人形も手づくりなら、毬つきの毬も、ぜんまいの綿毛をあつめて、きりきりと糸をかけて、その上に綿をまいて、さらに色糸をかけてうつくしくつくったと言います。糸のかけ方は、三菱(みつびし)、十二菱、面高(おもだか)くずし、笹っ葉(ささば)くずしなど、さまざまな模様があったそうです。ゴムの鞠とは違って、適当な重さがあって手によくなじみ、それはそれはつきやすい毬であったとなつかしんで言われました。

夜なべの手伝いをしながら昔話を聞いたのは、物心つく頃から小学校を出る頃までだったそうですが、昔話を聞かせた祖母ゆきさんの手はたえず動いていました。ゆきさんは、身体は小さいけれど、腰の曲がらない、ちゃんとしたばあちゃんで、麻糸をつむいだり、刺子(さしこ)をさしたりしながら、昔語りをしてくれたそうです。

父麟松さんを待ち受けて聞いた川話、山話、祖母ゆきさんの手仕事のそばで聞いた昔話、また小学生ながら、夜の十時まで夜なべ仕事に励み、眠くて手が留守にならないようにと、眠気ざましに聞いた母からの昔話、とよいさんの語りの世界はいつも長者原の暮らしに深く結びついているのが心に残ります。

小学校は長者原分教場で、近くの友だちを誘いあって、子どもの足で二、三十分も歩いたところにあったそうです。学校は九時から四時まで、しっかりとした時間割で授業がおこなわれていて、とよいさんは二年間生徒長（級長）をつとめ、卒業の時には「村賞(そんしょう)」をもらい、受け持ちの先生に、

「この分だば、教員つとまるから学校の先生になれ」

とすすめられたそうです。

父親も、とよいさんが希望するなら、高等科へやってもいいと言ったけれど、とよいさんはそれをことわったと言います。その理由がいかにもとよいさんらしくて忘れられません。

　とにかく、おれ、青葉好きなんだぁ。野菜から山草から野山の木からよう。それ見てさえいれば良いもんだごてぇ。おれは百姓が向きだと自信もったもんだじぇ。おれに出来(で)ることは百姓だから、百姓すれば飯(まま)の食いっぱぐれねぇから、百姓に縁づきたいと願って百姓になったのよ。

　小学校おわると鋤たんがいで（かかえて）、十六の歳には一日に田一反打(ぶ)ったもんだぁ。

一日に一反の田をおこせるようになれば一人前の百姓でした。

小学校を出て四年目、十六歳の冬に、川ひとつ越えた向かいの家へ、とよいさんは嫁にもらわれました。

七　嫁入り、そして授かった子どもたちのこと

大正六(一九一七)年の年の瀬も近い十二月のその日、とよいさんは勇(いさむ)さんと結婚されました。勇さん十九歳、とよいさん十六歳、花ならばまだ蕾のような初々しい夫婦であったことでしょう。

しかし、とよいさんの縁談をとりきめた父麟松さんが、嫁入りの日の一カ月前に四十一歳の若さで急死し、とよいさんは実家への心残りを抱きながらの嫁入りだったと言われました。

「結婚式どころか、近い衆と一杯飲んだだけで、普段着のまま風呂敷包み一つかかえて、兄と姉と仲人につきそわれて、こそこそ出てきた。あの日のことは忘れられねえ」

と、とよいさんは目をしばたきました。

母よいさんは家に残り、祖父(じん)ちゃんは炬燵(こたつ)に頭をつけて泣いていた、その姿がいまも目にあると言われました。嫁いだ佐藤家は屋号を「庄右衛門」といい、先祖は長者原にゆかりの法印(ほういん)の家柄でした。熊狩りを最大の生業にする長者原では、現在でも熊祭りに片貝(かたがい)の不動院(ふどういん)の法印を招いて祈祷するのが儀式になっていますが、庄右衛門の先祖は不動院の分家であったということです。

とよいさんが嫁いだときの佐藤家は舅姑夫婦に、舅の父親、夫勇さんの弟と、一家五人。姑の他は男ばかりの家に、十六歳のとよいさんが嫁入ったのですから、家の中に花が咲いたように見えたのではないでしょうか。夫勇さんをはじめ、大舅も舅も義理の弟も、なにかにつけとよいさんをかばって、よくしてくれたと言います。

ただ、「姑と嫁が会えば大地も割れる」と、とよいさんは言い、その後、長く続く姑づとめの苦労をとよいさんも味わうことになります。

何といっても十六歳の「子ども」です。人生に熟達した姑の目から見れば、何をしても気に合わなかったのでしょう。つらくて実家に駆けこむと、母のよいさんはとよいさんにこう言って聞かせたそうです。

「人間の運勢なんてものは親の胎内を離れるとき、すでに決まってくるもんだ。戻ってきて自分の家にいて泣くか、嫁入った他人の家で泣くか、ようく考えでみれ」

よいさんはこう言って、ぽろぽろぽろぽろぽろと涙をこぼして、とよいさんの背中を撫でたと言います。

そのたびに、「おれさえも泣けば、母親泣かすことねえから」と思い直して、婚家へ戻るけれど、またなにかあるとついつい泣きに行き、

「何度、つらくてあの道走ったんだか、行ったり来たり……」

とよいさんは目を細めて、いまその道を指して見せるのでした。

嫁入ってから、二男五女と七人の子どもを授かったとよいさんでしたが、そのうち、次女のコトさんを十八歳で、三女のシゲ子さんを十九歳で、それぞれ亡くしておられます。

コトさんは腸結核を病んで亡くなったそうですが、亡くなったその日、みんなは干し草刈りに出ていたそうです。とよいさんが気になって様子を見に戻ってきて、

「姉や（娘や）、なじょだ（どんな具合だ）」

と聞くと、コトさんは何と思ったのか、こう言ったそうです。

「トンボ草（つゆ草）の花、咲かねえかな」

「いっぱい咲いてたぞ。見るか？」

「一目、見てえなあ」

それで、とよいさんが畑の端から、いっぱい採ってきて見せると、

「きれいだなあ」

と、顔を近づけて、それから、ぱちっと目をつむって、そのまま息をひきとったそうです。

こうして死に際静かに亡くなったコトさんですが、

「三女のシゲ子は違った」

とよいさんは目をしばたいて語られました。

シゲ子さんは食道癌で、花におう十九歳の生命を散らしました。喉が狭まって、よほど苦しかったのでしょう。

「早く、川舟。早く川舟」

と、あの世への渡り舟を引き寄せるように何度も叫んで、そして亡くなったのが哀れだったと、とよいさんはまた泣かれました。


おら、三十年たったいまでも、マタタビのつるで笊（ざる）編んでるときなど、娘思い出してよう。編みかけの笊を顔さあてて泣ぐあんだ。

いつまでたっても、亡くした子は忘らんねえだもの。着るものも食せるものもない戦後に、早死にして親孝行してくれたようなもんだと思うとかわいそうでなあ。


とよいさんは声をつまらせて新しい涙を拭いました。

八　夫、勇さんのこと

とよいさんに夫の勇さんのことをたずねると、

「ああ、いい人であった」

と、打てば響く返事が返ってきました。

そのあと、ひとしきり勇さんの思い出話に花が咲きましたが、それらの話は勇さんととよいさんの夫婦の姿をよく伝えてくれました。

酒好きで酒好きでなあ、冬なんか雪酒（ゆきざけ）飲んでじんべい（わら靴）さ雪入れて、雪だらけになってくるとなあ、おれ、その影頭（本物の頭でなく、壁に写った影の頭）、くっちゃきかっちゃき雪ほろぐふりして、口だけは、

「やあ、冷（は）っこかったべなあ、早く炬燵ぽっかぽっかあったけえから寝れ、寝れ」

なんて、やさしいこと言って、その影頭、くっちゃきかっちゃきしたもんだ。

あんなとき、「なんだべ酔っぱらってきてえ」なんて言うと、怒られるもんだからなあ、口だけはいいこと言っておいて、影頭たたいてやったもんだ。

とよいさんは笑いころげながら、なつかしそうにその場面を思い出して語られました。面と向かって苦情を口に出せないまま、頭の影をたたくとよいさんの姿は、なんとかわいらしい嫁ぶりであったかと思わ

ずにはいられない話です。

昭和三十九（一九六四）年、勇さんが六十六歳で亡くなる二十日ばかり前、五十年あまり連れ添った老夫婦はこんな会話を交わしたそうです。


死ぬ二十日ばり（ばかり）前だったなあ。酔っぱらってきたっけ、その晩げも。そして、布団さ入(へ)ったば、何を思ったか、

「ばば、おれ寝るまで寝んなよ」

つう。うつうつになると、また、

「ばば、寝ったか」

「寝ねえ。お前(め)、寝ねうち寝ねえから、早く寝つけ」

そしてまた、ちっとばかりすると、また、

「ばば、寝ったか」

つうもの。そして、言(ゆ)うことが、

「ばば、にしや（おまえ）は血圧高いの低いのっつうから、明日にでもくたばるべや。おれはどっこも悪くねえから百までも生ぎる。百までも生ぎたい」

「どうかどうか、寿命のもらってきたかぎり、百でも二百でも居(お)られるだけ、ここさいたらいいべ」

と、おれ、言った。

「ほだか」

「おれは早く逝って、あの世で安気にしてるから、お前はいつまでも居られるだけいてこい。したどもな、夫婦は二世の契り、親子は一世の契りなんて言うもんだが、おれは一世で、たくさんだ。あの世さ来ただって、夫婦は二世だからって、おれのこと探すなよ」

おら、そう言ったら、何も言わねえで黙ってだったな。おれの苦労、わかってあんだった。

それから二十日ばりして、脳溢血で一晩病んで死んだが、寝ついておれに難儀かけねえで逝った。

とよいさんは、「ありがたいことであった」と合掌されました。

九　長者原への客人

「昭和六（一九三一）年の三月十七日のことであった。おれも、亭主の勇も、働き盛りの頃のことだった」

とよいさんはその年月日までしっかりと記憶していました。

東北帝国大学（現在の東北大学）の学生という人たちが三人してとよいさんの家の前に下り立って、「泊めてくれ」と頼んだそうです。朝に、小国駅で汽車を降りて、二日かけて長者原まで歩いてたどり着いたが、宿屋がなくて困っていると訴えたと言います。ものものしい登山用の装束で、「目指すは飯豊山だ」と、意味不可解なことを言うのでした。

長者原の住人たちにとっては、飯豊山は狩猟の場であり、家づくりをはじめ囲炉裏にくべる薪にいたるまで、その木材をもらう場でした。また、山菜やキノコ、谷川の魚を求めて登る恵みの山でした。

ところが、学生たちはその山へただ「登る」ことを目的にしてやってきたと言うのです。長者原の住人たちの目には、帝国大学の学生という肩書をもつ「登山者」という人種の出現は、まさに異界からの訪れ人であったにちがいありません。

「えらい装束してよ、鉄の靴履いて、先の尖った鉄の杖持って、ただ登るために山さ行くなんて言うから、おら、腰抜けるほどたまげたよ」

その日のことを思い出して、とよいさんはからからと笑います。

しかし、とよいさんの一家は、めずらしいこの客人を手厚く世話して迎えいれたのでした。そして、翌日には、夫勇さんをはじめ、四人の山達者たちを集めて、荷運びと山案内をひきうけて、三人の学生登山者と一緒に、春まだ浅い飯豊山へ向かったのだそうです。

「これが飯豊山登山のはじまりであった」

とよいさんのこの言葉を裏付けるように、その後、東北帝国大学山岳部の学生がよく訪れるようになります。とよいさんが行ったこともない大都会仙台からの客人でした。のちには、京都、大阪、岩手、新潟などからも、噂を聞いた登山者がやって来て、とよいさんの家を宿にするようになったのでした。

当時は宿屋などもない山奥の長者原です。そして、とよいさんの家がそれほど広いわけでもなかったけれど、気持ちよく一夜の宿を貸し、何はなくてもお腹を満たす食べ物をあてがってもてなしたと言います。

「きまった宿賃をもらうわけでなかったども、おら家はいまの民宿みでえなもんであったじぇ。夏になると山を下りてきた人、これから登る人、いろんな人が始終泊まっていて、家族だけなんてことはなかったじぇ」

こうして世話した登山者は、その数を勘定したことはないが何百人にもなるだろうと、とよいさんは笑って言います。

異界の人かと思うほどの「登山者」という客人は、とよいさんの生活を彩り、より豊かな世界を体験させ、やがて「命の恩人」にまでなっていきました。

こんな話もありました。とよいさんは女の子五人と男の子二人、あわせて七人の子どもに恵まれましたが、次女のコトさんを結核で、三女のシゲ子さんを癌で亡くされました。

二人の娘を相次いで亡くしたあと、とよいさんは、なんだか胸がずきずきと痛むことが続いたと言います。地元の小国病院で診てもらったところ、やはり結核と診断されました。

自分の身体にも結核が潜んでいたかと心痛んだけれど、こんな病気に負けていられないと思って、泣きながら仙台の大学病院へ駆けつけたそうです。長者原から仙台へ行くのは、一大決心だったと言います。

昭和四十年代のことでしたが、当時、東北大学医学部附属医院には葛西森夫先生がおられ、この方は初めてとよいさんを訪ねてきた三人の学生の一人だったというのです。とよいさんは大学病院の迷子になりそうな大きさに度肝を抜かれながら、受付に行って、こう頼んだのです。

「葛西先生に、長者原のばばが来た、と言ってくれ」

当時、葛西先生は第二外科の教授職を務め、のちには院長も兼任し、予約なしでは診てもらえない先生でした。受付の担当はびっくりして聞きました。

「お名前は？　どういうご関係ですか？」

「先生が飯豊山さ登るとき、登山宿した長者原のばばだ。そう言えばわかる」

「長者原ばばさんですね」

受付の担当者が葛西先生に告げると、先生は驚いてすぐに飛んでこられたそうです。そして、診察の結果、心臓肥大だということがわかって、調合してもらった薬を飲んですらすらと快癒したそうです。

その夜は先生の家に泊めてもらったと言いますが、そのときのありがたさをとよいさんはこんなふうに語られました。


大熊の皮を敷いた座敷で、一尺も厚みがあるような敷布団に寝せてもらった。おれ、奥さんに言ったもんだ。

「奥さん。おれは熊の中さ人がいるような山奥に住んでいても、こんな立派な熊の敷物の上で寝るのは初めてのことだ。ありがたいことだ」

ってよ。


とよいさんの暮らしと心をよく物語って、この言葉は忘れられません。

かつて、登山宿でとよいさんに命を守ってもらった若い学生たちに、今度はとよいさんが命を守ってもらったのでした。

わたしをとよいさんのところへと導いてくださった早坂さん夫妻も、大学の山岳部員であったことが縁でした。

十　とよいさんの民話について

とよいさんの民話は、ほとんど祖母ゆきさんからの伝承ですが、夜なべのときなどは母よいさんからも聞いたと言います。ゆきさんもよいさんも女家督で婿をとった人で、ともにこの地で生まれ育って、この地を一歩も離れたことがないという人たちでした。

つまり、とよいさんが語る民話は、ずっと長者原で生き続けてきた話群だということなのです。

「おれの口は重宝な口で、飲み食いさせれば何でも入るし、しゃべらせれば、ぐつぐつ、ぐつぐつ、いくらでも出てくる」

とよいさんはこう言って笑います。そして、昨日のことは忘れても民話はすぐ出てくるのがふしぎだ、と首をかしげます。

幼い日に、とよいさんの身体に宿った民話は、その後のとよいさんの人生の旅の中で、少しも色褪せることなく生き続けて、いまわたしたちの目の前にくっきりと姿を現してくれたのです。わたしたちは、連綿と流れる血脈のような、百話あまりの「とんとむかし」を、とよいさんから受け取ったのでした。

先に、とよいさんの口から、前漢の時代の人で、伝説的に語られている「東方朔」の名前が、ひょいと出てきたことに驚いたことを書きましたが、それだけではありません。古いうつくしい日本語が、語りとともに出てくることがあって、そのたびに、わたしは自分の耳を疑い、そして、ただ驚きました。

たとえば、とよいさんは、うつくしい女性をあらわすとき、こんなふうに語ります。

その娘の綺麗にもきれいにも、弁財天、舐めて吐き出したみでえに綺麗だじもの。ほんに影射すような いい娘だじもの。

それから、また、こんなふうにも語られました。

あの橋のたもとに新茶屋できて、いやあ、その茶屋の娘の綺麗だこと、影射すような娘だじぇ。

「影射すような」という言葉がとよいさんの口から出てくるのです。

はるか遠いわたしの学生時代に、我が日本民族の美意識として、古代には目に見えるそのものではなくて、その「影」にこそ美の本体が在ると考えられていたと教えられたことを思い出しました。その「影」という言葉を、言葉の本来の意味として何気なく口にするとよいさんの根の深い「文化」というべきものに、わたしは感嘆の声をあげたのでした。

「光り輝く」という表向きの言葉で美が語られるようになるのは、実は新しいことであって、時代を遡れば遡るほど、わたしたちの先祖は「影」にこそ存在する「美」の本体を見ていたということが、いまも生きているのです。それが、とよいさんの口からごく自然に出てきたのでした。とよいさんは、ごく自然に、「影射すように」うつくしいと、語りの中で使われるのです。

戸数十四戸の山奥の村で生まれ育ち、そこから、ほとんど出ることなく年老いたとよいさんが語る民話の中に、もうわたしたちの大半が忘れてしまっている古語が、うつくしい実感とともに生き生きと息づいているのです。驚くべきことでした。

そうかと思えば、ドイツのグリムのメルヘンを彷彿とさせるような話群が、ぽろっと出てくることもありました。

こうした人々の崇高な飾り気のない、果てしない「知性」とも呼ぶべきものに支えられて、いま享受している「文化」と呼ぶべきものがようやく成り立っているのだということに気づかされます。それと同時に、言葉の本来の意味における「知性」を、わたしたちの多くは見失っていることを痛感するのです。

民話を語る前に、とよいさんは軽く目を閉じて一時（いっとき）口をつぐみます。

たくさんの民話の束から一本の糸をたぐりよせるための時間が流れ、ややあってから、

「とんとむがしあったけどやれ」

と、低いけれどもはらわたに浸み込むような声で、聞く者を物語の世界に引き込んでいきます。

「とんとむがしあったけどやれ」という冒頭に置かれるこの決まり文句は、聞く者を物語の世界へいざなう合図でもあります。

「遠いむかしにあったということだよ」というほどの意味だと考えていいと思います。そして、一つの話がおわると「とんぴんからりん」という特定の言葉で締めくくります。

民話が古い形式をよくとどめている場合には、こうした語り始めの句（発端句、冒頭句とも言う）で一話は始まり、最後に語りおさめの句（結句、結末句とも言う）がかならずおかれるのが定石ですが、とよいさんの語りはどの一話をとっても、それが守られていました。

ただ、結末句は、ときには「とんとむがしのつつぎさいろ」とか、「とんぴんからりん虫くった」「とんぴんからりん、つつぎさいろ」などがあります。どの話にどの結末句をつけるかは、「その時々の気分で」と、とよいさんは言います。

「とんぴんからりん」が、何を意味するのかについては、さまざまな意見があり、いまも学者のあいだでも、憶測の域を出ないのですが、こんなふうに考えることができると言われています。

遠い昔には、祭礼などのハレの日に、神を迎えて物語が語られたことから、一話が終わって神とともに在った時間が終わり、非日常から日常へ戻るとき、去って行かれる神に向かって「尊かれ」という意味合いの祝福の言葉をかけた名残であろうと言われています。ただ、大きな謎は、語り始めの句は、大抵「むかし」を意味する句で始まるのですが、結末句は地域によってみんな異なっていることです。

たとえば、岩手では「どんとはれ」など、秋田では「とんぴんぱらりのぷう」など、青森では「とっちぱれ」など、福島では「さかえもうした」など、宮城では「えんつこもんつこさけた」など、一話の終わりを示す句が、土地によってみんな異なることも、いまだこの道の研究者のあいだでも解けない謎とされているのは興味深いことです。

遠い先祖が、いまも解けない謎として現代を生きるわたしたちに投げかけて、残しているのでしょうか。とよいさんの語りは、「とんとむがしあったけどやれ」で始まり、「とんぴんからりん」で終わりますが、ただ、一話の中身については、同じ話を繰り返し聞いても、細かい部分の擬態語、形容語、擬音に至るまで、驚くほど定型を保っています。

そして、こうした民話だけでなくて、父麟松さんが持ち帰る山話、川話、そして新潟から冬の山を越えて訪れる盲目の旅芸人の「瞽女(ごぜ)語り」もよく覚えていると言います。ただ、それらは「とんとむかし」とは違うものだと、きちんと区別しておられたのも忘れられません。

こうして、泰子さんとわたしは、連れ立ってとよいさんのもとを訪ね、一晩二晩と枕を並べて寝たり起きたりしながら、飽かずその語りを聞かせてもらう至福の月日が続きました。

あるとき、とよいさんがしみじみと言われました。

後にも先にもたった一回だけ手相というものを見てもらったことがあった。そのときに「晩生に幸あり」と言われたが、あんたがたとこうしていると、あの占い師の言葉が思い出されるがなよ。

それからしばらくして、とよいさんは病床につかれました。

わたしは、入院された小国の病院へお見舞いに出向きました。いつもは一緒の早坂泰子さんが、あいにく、同行できなくて、その日、わたしは免許を取得したばかりの軽自動車を運転して、よろよろと小国まで行ったのでした。

病室の入口に立ったわたしの姿を見つけると、向こうのベッドから、おうおうと声を立てて泣きながら、両手を伸ばして迎えてくださいました。

付き添っていたとよいさんの四女の春枝さんから、あまり長く話さないようにと注意されたので、二言三言だけ話して帰ろうとすると、わたしの手を握って言われました。

「おれは、あの世さ逝ったら、ブユ（蚋）になって守ってっからな……」

その年の冬、とよいさんは九十二歳の天寿を全うされたのでした。

ブユになって守る――これがなにを意味していたのか、いまもわからないわたしです。

たまに蚋が、ぶーんぶーんと、そのあたりを飛ぶことがあります。

「ばあちゃん来てくれたのすか」

わたしは声をかけて、しばらくその蚋と話します。それは、言いようもないしあわせなわたしの秘密の時間なのです。

猫の恩返し　――捨て子の姉妹――

とんとむがしあったけどやれ。

むがしあるどころに、難儀な（苦しい生活をする）夫婦もの、娘こ二人持って、いであったどぉ。

いいくれぇ大きくなるまで、育ててみたども、どうしてもこうしても育てでいく見込みつかなくなったじもの。

ある晩げ、おっ母（か）とお父（ど）っつぁん、寝物語してたの、姉（あね）っこのほう、目ぇさまして聞いてしまったどやれ。

「お父っつぁん。お父っつぁん。もごせえども（かわいそうだが）明日、山さ連れでって、二人とも投げて（捨てて）これえか」

「そうすっか。とてもこのぶんでは暮らしていがれねえしなあ」

って、二人して言ってるどぉ。

次の朝げ、飯食ったば、お父っつぁん、言うじもの。

「お前(め)がた、山さイチゴもぎに連れていぐから」

姉っこのほうは昨夜(ゆんべな)のこと聞いでいたから、

「おら、行がねえ。行がねえ」

って、駄々こねるども、妹(いもど)のほうはなにも知ゃねえから、

「姉ちゃん。行ぐべ。行ぐべ」

ってきかねえから、姉っこもしかたなく出かけたどぉ。

家を出るとき、姉っこは箱の中の灰(あぐ)つかんで、袂に入れて行ったじもの。そうして、道の分かれ目のどこさ、ぽいっ、ぽいっと撒いて、帰(けえ)りの道がわかるように行ったどぉ。

山かげ山かげと行って、山奥まで、お父っつぁんは二人を連れてきたじもの。

そうして、イチゴ、ちっとばりあるどこさ来たら、

「ほれ、ほれ。お前ら、このイチゴ食ってれ。おれ、向こうで木ぃ伐って、じき戻るからな」

って、二人をおいて行ってしまったじもの。

山かげを遠回りして、お父っつぁん、家さ帰ったどぉ。

いつまで待っても、お父っつぁんが戻らねえもんだから、姉っこは、

「おぼ（小さい子、妹）、おぼ。昨夜、おっ母とおっ父、寝物語に、おれたちば、山さ投げるって相談

してあんだ。お父、戻ってこねえじぇ」

って、教えたどぉ。

「おれなあ、道標(みちじるし)に灰撒いてきたから、それたよりに早く家さ行ぐべ」

って、二人は暗ぐなった道、辿りたどり帰ってきたどやれ。

そうしつど、夜にまた、おっ母とおっ父、相談しているじもの。

こんだぁ、二人して、それを聞いたじもの。

「お父っつぁん、お父っつぁん。そんなどこではだめだから、今度は別のどこさ連れていげ」

って、おっ母、言うじもの。

次の日になって、また、

「昨日(きんな)、行った山は、イチゴたんと採れねえから、今日は、いっぺえあるどこさ連れていぐから」

って。

二人とも泣いて、泣いて、

「行がね、行がね」

づうもの。したども、お父っつぁん、

「昨日のどこでねえから、あべ(おいで)」

って聞かねえで、二人を引っ立てて、連れていったどぉ。

姉っこ、今度は灰つかむひまもなくて、出はったもんだから、途中の田のはずれに蒔き残した種籾あったのを見つけて、それ袂さ入れて持っていったどぉ。

ぽろっ、ぽろっと種籾落とし落としして、行ったどぉ。

そうしっど、お父っつぁん、また、

「おら、向こうで用事してくっから、にしゃら（お前たち）、ここでイチゴもいで食ってろ」

って、行ってしまったじもの。

なんぼ待っても、お父っつぁん来ねえから、二人で戻ることにしたどぉ。

したば、スズメの畜生、せっかくの道標の籾ひろって食ってしまったじもの。どこさ行けばいいか、さっぱりわからなぐなって、あっちくぐり、こっちくぐりしてるうちに、暗くなってきたどぉ。

「明るくなれば、なんとか家さ帰れるから、今夜はここで泊まるじぇ」

って、二人して泣ぎ泣ぎ、そこにいたどぉ。

したば、遠くから、
　にゃおーん　　にゃおーん　　にゃおーん
猫（ねこ）の音してきたじもの。

「おっかね。おっかね」

って、おぼは姉っこさ、たんぐつくし（抱きつくし）、姉っこはおぼさたんぐついて、二人で、がんがんになって、手ぇ組んでいたどやれ。

したば、その猫、二人でめごがって（かわいがって）飼っていた猫であったどぉ。猫に食わせるものなぞないって、ずっと前に、おっ母に投げらった猫であったどやれ。

　にゃおーん　　にゃおーん　　にゃおーん

って鳴いて、姉っこの着物の裾をくわえて、

「おれについてこい」

って言うように引っぱったどぉ。

ちょた、ちょた、ちょた、ちょたと猫が行ぐあとをついていって、山越え野越えして、ひと山かげの沢っこさ出はったどぉ。

　そうしっど、猫は、ぷんぷん、ぷんぷんと鼻つけて、

「こっちさ行げ」

って言うように教えてくれて、それから、姿消したどぉ。教えられたように行ったば、ちょうど、家の裏山さ出はったどやれ。

　そうして、家さ着いたけんど、また、どこかさ投げる相談されっと困るから、二人とも寝ねえで、親たちの言うこと聞いていたれば、

「お父っつぁん。どこさ捨てても帰ってくっから、なんとかして育ててみっぺや。投げることは止めっぺや」

って。姉さとおぼは、それ聞いて喜んで泣いたどやれ。

　それからは、めんこがられて大きくなって、一人前（ひとりめえ）の娘っこになって、てんでに嫁になったたったどやれ。

　　　　とんぴんからりん　虫くった

タニシとからすの歌くらべ

むがしあったけどやれ。
ある天気のいい日、からす一羽、山から飛び立って、田んぼさ行ったど。
「タニシでもいたかぁ。ビンノジ（淡水にいる細長い巻貝）でもいたかぁ」
って飛んで、タニシかビンノジを見つけて食うべと思ったどやれ。
したば、タニシ出はってきて、ひとやすみするところであったどやれ。
からす、いきなり食いにかかったば、タニシが歌詠みしたじもの。

からすどのとは　おまえのことか
身体（なり）の羽色（はねいろ）　つくづく見れば
ビロウド着物（いしょう）を　着たようだ
かぉい　かぉいと　鳴く音聞けば
八幡林（はちまんばやし）の　蝉のようだ

こう歌って、褒めたじもの。そうしっつど、からすは嘴（くちばし）のべて、タニシを食うどこしたのをやめて、
杉の木さ止まって、
かぉい　かぉい

いい声で鳴いたじもの。

そのまんま黙っていればいいことに、タニシ、今度は悪口（あっこう）ついたどぉ。

　からすやろうとは　汝（うぬ）めがことか
　身体の正体　つくづく見れば
　炭焼き爺（じ）さの　着物のようだ
　かぉい　かぉいと　鳴く音聞けば
　ぼっ壊（こ）れやかん　河原引きずるようだ

　　　　　とんぴんからりん

したば、からす。

「ようし。この野郎。おれば悪態ついたな」

って、いきなりタニシを掴んで、頬ばってしまったどやれ。

それから、からすはタニシを見つけると、すぐに拾って食うようになったんだど。

第二章

小松仁三郎さん

おらは義務教育には
参加しません

一　出会い、そして、仁三郎さんのほら貝

小松仁三郎さんのことを書こう。

「仁三郎さんがね」と、その名を口にしただけで、もう頬がゆるんで笑いがこみ上げてきます。仁三郎さんはよく言われました。

「話でもなんでもねえのしゃ。んでも、ええ話の種でがすぺ。こいつ話して笑うの、楽しくてやぁ」

このようなことを前置きして、聞く者が涙をこぼして笑うような話を、どれだけ聞かせてもらったことでしょうか。その語り口を借りて、仁三郎さんが過ごしてこられたこれまでのことのほんの一部ですが、ここに書いてみます。

仁三郎さんが誕生されたのは昭和七（一九三二）年、そして永眠されたのは平成二十八（二〇一六）年でしたから、八十四年の人生でした。

わたしが仁三郎さんに出会ったのは昭和五十五（一九八〇）年、仁三郎さん四十八歳の春でした。

その日、薬莱山（やくらいさん）の麓に横たわる加美町小野田（かみまちおのだ）の方面へ民話を求めて採訪に出かけました。

それは、わたしが発起人になって立ち上げたみやぎ民話の会が活動を始めて間もない時でした。当時のメンバーは、わたしを入れてたったの六人でしたが、そのなかの山田裕子さんと連れ立っての採訪でした。

彼女は大学を卒業して間がなく、小学校の教師をしていました。すでに三人の子持ちの主婦であったわたしとは違って、まだあどけなさが残る若い女性でした。

それまでわたしはずっと一人で民話採訪を続けていましたので、若い山田さんと連れ立って歩くのがうれしくて心弾ませて出かけたのを覚えています。

初めてだったのはそれだけではありませんでした。仙台で学生生活を送った山田さんには、土地の友人や知り合いが多くて、今回の採訪は大学時代の山田さんの友人のお世話になることになっていました。その友人の鈴木玲子さんも地元の大学を出て、教職に就いておられました。そして、鈴木さんは小野田町（現在は加美郡加美町）の出身だったので、土地の案内をしてもらっただけでなくて、食事をご馳走になり、あつかましくも彼女の家に泊めていただくことにもなったのでした。

その友人のおかあさんが、笑いながら、

「あの人ならなにか話してくれるかもしれない」

と言って、その名を口にされたのが小松仁三郎さんでした。

「あの人は口から先に生まれてきたのではないかと言われる話好きでね」

と言って、仁三郎さんの家を教えてくださったのでした。

そうして行った先に、あの人、仁三郎さんがいらしたのです。

この集落では誰一人知らない人がないという人気者で、その話好きから、みんなは愛情込めて「ジンザブロウでなくて、ジンザベロだべ」なんて言っているとも聞きました。ベロというのは舌のことで、さしずめ「口から先に生まれた人」とでも言いたいニュアンスを込めての綽名だったと思います。

仁三郎さんの家に入ると、驚いたことに、玄関から縁側にかけて、ちり紙やマッチ箱や、おびただしい袋や紐や、そして電球やソースや醤油の瓶など、それが所狭しと積んでありました。あとでわかったのですが、当時、仁三郎さんはこれらのこまごました日用品を自転車に山積みにして、辺鄙な山奥の家々をまわって行商しておられたのでした。

「こういうのを持っていくと、みんなにうんと喜ばれるんだよ」

仁三郎さんは目を細めて、これらの品々を眺めまわしました。

運よくその日は商売に出ないで、家にいてくださって、それが、わたしたちとの切っても切れない縁を結ぶことになったのです。

わたしたちが挨拶をして座るや否や、噴き上げる泉のように仁三郎さんの話は溢れ出しました。手ぶり身振りもいそがしく、しまいには立ち上がり、あれを持ってくるこれを持ってくる、それはまことに全身を傾けての語りでした。口角泡を飛ばすと言いますが、まさにそれは仁三郎さんのための言葉に思われたのでした。言葉が途切れたら、なにもかも消えるのではないかと、それを恐れでもするかのように、本当に絶え間なく語り続けられたのです。

なにに でも関心と興味を寄せる仁三郎さんだということは、あとでよくわかりましたが、初めて会ったその時は、「ほら貝」にいたく執心しておられました。ドスドスと二階へ上がって、立派な大きな「ほら貝」を抱えてきて、まずはそのほら話から始まりました。

「ほら貝は生きてるのっしゃ。ほれ、このぬめぬめした艶と色を見ればわかるんでがす。おれのこいつは本物の生きてるほら貝なのしゃ」

話は、いきなりこんなふうに始まりました。

仁三郎さんの勢いに呑まれて、わたしと山田さんは、いつの間にか仁三郎さんの世界に引きこまれてしまったのでした。

法印さまのほら貝

ほら貝ってものは生きているんだよ。

深い深い海の中で百年、二百年と生きているものだが、そいつを、海の底深く潜っていって採ってきたのが、本物なのっしゃ。

ところが、たまたま死んで、ぷかりぷかりと海岸ぶちさ浮いてくるのもあるんだよ。殻っコだけで中身はねえのしゃ、死んでるのだから。そいつ拾ってきたって、そいつは本物と言えねえんだ。死に貝だからしゃ。

おらほのムラの法印(ほういん)さまが持って歩いてたのは、死に貝の偽物だったのしゃ。

穴が空いてた、穴がね。だから、いっしょけんめに吹いたって、音が悪いのしゃ。

　ぶっ、ぶっ、ぶくっ、ぶくっ……

「なんだ。音、悪いなぁ」

おれ、馬鹿にしたら、法印さま、こう言うのしゃ。

「こいつは、天狗さまにもらったほら貝だから、本物だ」

「嘘だべ。いい加減なことを言って」

おれがまた馬鹿にしたら、こんなことを語るのしゃ。

法印さま、語った話だよ。

法印さまのじいちゃんって人も法印だったんだと。その人がよ、ある時、森を歩いていたれば、天狗さまが木の上にいたんだと。

一人で木の上さいて、ほら貝吹いていたんだと。

それを聞いてて、下から、

「下手だな」

って言ったもんだと。そうしたら、天狗さま、

「おれよりうまく吹いたらば、こいつ、おまえにくれる」

って言ったんだと。

そして、そこは、ほれ、天狗さまだから、木の上で団扇とほら貝を持っていて、下には降りてこねんだと。絶対にね。そして、

「吹いてみろ、こいつ」

って、いきなり、ぼーんと落としてよこしたっつうんだな。

法印さまのじいちゃんは受け取ったはいいが、そいつ、たまげて重かったんだと。んだから、受け取ったひょうしに、地面さぶつかって穴空けてしまったんだと、天狗さまのほら貝にね。

天狗さまは、

「なんだ。受け損じたでねえか。んでも、約束だから、おめぇ、そいつ吹いてみろ」

って言うんだと。穴空いてしまったもの、吹けねえちゃや。

「天狗さま。これは穴空いてしまったから、だめだよ」

じいちゃんがそう言うと、天狗さまは、

「そうか。おれはそったな壊れた貝はいらねえから、おまえにくれてやる」

って言って、法印さまのじいちゃんに、そいつをくれたんだってよ。

それを、おらほうのムラの法印さまが受け継いだというわけしゃ。

「だから、こいつは天狗さまにもらった本物のほら貝なんだからな」

って、ムラの法印さまは自慢して歩いているんだよ。


ところが、ほら貝に酒を入れて、それを飲むと長生きするといういいわれがあるんだね。だから、毎年正月になると、お宮へおれのほら貝持って行って、酒を入れてから、そいつ、みんなに注いで飲ませるのしゃ。

法印さまも酒好きだから、

「ほれ、法印さま。あんたのほら貝にも酒入れてやるから」

って言うと、穴空いているんだから、みんな洩ってしまうべさ。
そんで、酒飲むときは、法印さまは、
「こっちでくれろ」
って、別のどんぶり出してよこすのしゃ。

わっ　はっ　はっ　はっ　は……。

二　仁三郎さんの「ちんちんむかし」

ムラの法印さまは、自分の壊れたほら貝に箔をつけるために、「天狗にもらった」と言って、みんなを煙に巻いています。

そして、仁三郎さんは、法印さまのほら話を語って、今度は自分の「本物のほら貝」に箔をつけようとして、ほらを吹いているのでしょうか。

おもしろい、おもしろい。わたしたちはお腹を抱えて笑いました。

次に語ってもらった「ちんちんむかし」にも、たまげました。

仁三郎さんが小学二年生の時に、これを作文に書いて提出し、のちにみんなの前で読んだというのですから、笑ってしまいます。

学校の先生から作文の宿題を出されたけれど、「作文」という言葉の意味がよくわからなくて、思案のすえ、書いて持って行ったのがこの話だったと言います。夜に「ばあちゃん」から聞かせられた昔話の一つで、一番のお気に入りだったそうです。ばあちゃんに語ってもらったとおりに作文に書いたのだと言います。

次の時間に、順番に作文を読ませられたそうで、仁三郎さんは「いたって真面目に」この作文を読んだそうです。生徒には一番うけたそうですが、先生は困った顔をしてうろうろと歩き回っていた「あの姿、忘れられねえな」と、仁三郎さんは笑います。


「いやぁ、いまでも友だちに会うと、『おめえは小さい時から、他人の度肝抜くようなことをする野郎っこだったなぁ』なんて言われるよ」

この「ちんちんむかし」の話を、待ち受けているわたしたちの真面目な顔を見て、話すまえから大声で笑う仁三郎さんでした。

「そんな顔されると話せねえちゃ。だが、これは、ばあちゃんに聞いた話だからな。おれが作った話ではねえんだよ」

仁三郎さんの話を待ちかねて、真剣にその口元に目をやっている山田さんとわたしに向かって、こう念を押して語ってくださいました。

これを作文に書いて、みんなの前で朗読したという仁三郎さんに度胆を抜かれる人がいたら、ジンザブロウさんがジンザベロさんたる面目は躍如というわけです。

ちんちんむかし

あったとさ。のんびりやの兄(あん)ちゃんがいてしゃ、縁側でお昼寝していたよ。ぼろ家だったから、縁側も隙間だらけ、穴だらけ。その縁側の上で、兄ちゃんは、鼻からちょうちん出して、いい気持ちでお昼寝していたよ。

縁側の下からは涼しい風がさやさや上がってきて、兄ちゃん、着てるものからなにから、すっかりはだけてしまったのしゃ。

そして、大変なことに大事なちんちんコのふくろがふたつ、はだけた着物から外へ出てしまって、それがつーとのびていって、縁側の隙間から下のほうへ、たなびいていったんだとしゃ。

下からは地面のあったかい空気が上がってきてぽやぽやするから、ふたつのふくろはぶらさがったまんま、ぷうぷうふくれて、卵みたいになったんだとしゃ。

ちょうどその時、お昼になったから、かあちゃんが、

「野郎。ご飯だぞ」

って呼びにきたんだと。

ご飯の時だけは、兄ちゃん、動きが早いのしゃ。

「おうっ」

と飛び起きたら、縁の下でたなびいていたふくろから、玉がぽたぽたと抜け落ちてしまったんだとしゃ。

兄ちゃんはそんなことは知らないから、ご飯食ってからに、また縁側でお昼寝始まったと。

夕方になって、かあちゃんがニワトリ小屋へ卵取りにいったんだと。

「この頃、ニワトリ、さっぱり卵産(な)さねえなあ」

かあちゃんは、そんなことを言いながら、ひょいと縁側の下を見たら、そこに黒い卵が二つ落ちていたんだとしゃ。

「なんだ、こんなところに卵がある。それにしても見かけねえ卵だが、こいつも親鶏に抱かせてみんべ」

そして、親鶏に抱かせたのしゃ。それはいいが、なかなか孵(かえ)らねえつうんだね、その黒い卵がしゃ。

ほかの卵が三、七、二十一日で孵って、

　ピヨピヨ　ピヨピヨ　ピヨピヨ　ピヨピヨ

元気に鳴いて歩くのに、あの黒い卵だけはなかなか孵らねえのしゃ。

それでも親鶏は必死になって抱いていたっけ、七、五、三十五日になって、やっと孵ったんだと。

そいつ、真黒なヒヨコだったのしゃ。そして、たまげたことに、

　チンチン　チンチン　チンチン　チンチン

って鳴きながら歩くんだと。

そうして、だんだんに大きくなって、ヒヨコも大人のニワトリになって、「時」つくって鳴くようになったのしゃ。初めは下手で、

　　コケーケ　コケーケ

なんてやってるのしゃ。
それ聞いた黒いニワトリは、やっぱり声出して鳴くんだが、そいつがおかしいんだな。なんだか、くぐもったような声で鳴くんだと。

グッグッ　グッ　グリフー（フグリは金玉）

そのうちに、ほかのニワトリたちは、鳴き方もうまくなって、

コケコッコー　コケコッコー

りっぱに時をつくるようになったんだと。
そうしたら、黒いほうのニワトリも、負けじとばかりに、

ノコヘー　ノコヘー（ヘノコは男性器）

って鳴いたんだとや。
わっ　はっ　はっ　はっ　は……。こんで、おしまい。

どーびん　さんすけ　さるまなぐ
さるの尻（けっつ）に　毛が生えて
けんけん毛抜きで　抜いたれば
めんめん目っこに　なりました
はなし　はつけて　むかし　むつけて
赤（あけ）え　つんぬきこ着て

向けえ山さ　行ったどや
こんで　終わりだづぉや　ほれほれ

仁三郎さんの話は、こんなふうな結末の文句までついて終わりました。わたしたちは、半分あっ気にとられて、この話を聞きました。仁三郎さんは語りながら、一人でおかしくて笑っているのに、わたしたちは、話のあまりの奇想天外さにぽかんとしてしまって笑えなかったのでした。その時のことを、あとで仁三郎さんはこんなふうに述べておられます。


四十もくだり坂つう時だったな、初めて民話を語ったのは。

あんただちが、突然、おれの家に来たのだった。

「昔話、教えろ」

って言われてや、おれ、たまげたよ。

小さい時に、親父の母親とおふくろの母親の二人のばあちゃんから、毎晩、聞かせられていたが、そんなものは、ばあちゃんたちの作り話で、でたらめな話で価値があるなんて思ったこともねがったしゃ。

そいつ、あんただちが、うんと真面目な顔で、おれの「ちんちんむかし」なんか、テープにとってや、あんまりいっしょけんめに聞くから、今度はおれのほうがたまげてや、それから、ついその気になって語り始めたのしゃ。

そうしたら、つぎつぎと思い出すもんだなや。

あんただちにだまされて、あれもこれもって語っているうちに、おもしろいように話が出てきて、のべつに語ったのしゃね。

ばあちゃんに聞いた昔話が日本中にあるつうことも教えてもらって、びっくりしたよ。あの山の中の一軒家で毎晩聞いた昔話に、そんな価値があるっつうこと知らなかったもやあ。

二人のばあちゃんだちは、学校さも行ってねえから字もかけねえし読めねえ。それが、なして日本中にある話を知っていたんだべか、いまでもふしぎなのしゃ。

三　仁三郎さんが育った川前の地、そして、仁三郎さんの「学校」

仁三郎さんが生まれたのは、宮城県の中部に小高く横たわる薬莱山の麓、「川前」だということでした。行ってみると、本当に四方八方見えるのは山だけです。どこにも他の家の見えない川沿いの一軒家でした。

「隣の家さ行くにも山ひとつ越さなくてなんねえ山の中の一軒家だった」

仁三郎さんは言われます。

小学校は東小野田尋常小学校の鹿原（かのはら）分校でしたが、そこまで通うのも大変で、秋にもなれば、家に着く頃はもう暗くなっていたと言います。子どもの足だから、あっち見たりこっち見たりしているうちに、二時間も三時間もかかって、もう夜になることも始終だったそうです。

とくに冬の通学は大変でした。吹雪くからです。でも、おじいさんが、毎朝雪を踏んで道をつけてくれるので、そのあとをついて学校まで行ったと言います。しかし、帰り道は一人でした。


んでも、おっかねえと思ったことはねえよ。朝に歩きながら、じんつぁんはおれに言ったのしゃ。「よく目をこらして、ケダモノの足跡を見つけてこいよ。雪の上に足跡がついているから、そいつ見逃すなよ。そして、じんつぁんさ教えろよ。じんつぁんが行って捕まえてけっからな。高い値段で売れるんだから」

じんつぁんがこんなことを言うから、おれ、いっしょけんめになって足跡を探すのしゃ。おっかねえよりも、そいつ楽しかったのよ。


山中の一軒家の暮らしを支えるのは、まず近くにいるケモノを捕ることでした。

雪のないときは、藪を漕いで道をくだるのだそうですが、よく野ウサギだのキツネだのに出会うので、走って帰っておじいさんにそれを告げ、捕まえてもらうのがうれしかったと語られます。

学校のほうはさっぱり楽しくなかったけど、行き帰りの山道が楽しくて、それが「おらの学校だった」と目を細める仁三郎さんです。

そして、もうひとつの「学校」が家の前を流れる大滝川でした。

川といっても、山奥の川ですから、谷といったほうがいいような岩だらけの渓流で、深い淵を抱え、きれいな水がいつもどうどうと流れていました。

仁三郎さんの家では、近くの崖をくり抜いて水路をつくり、この谷から家まで水をひいていたと言います。煮炊きにも使い、洗い物もして、この川で馬も洗い、田んぼにも畑にもこの水を使っていたそうです。

「まず、命の水だな。だが、それだけでねえんだよ」

仁三郎さんは言います。

　この川にはヤマメだのイワナだのアユだの、いっぱい遡ってくるのしゃ。ちょっと奥へ行けば、春にはサクラマスの群れが産卵に集まるし、光があまりとどかねえ暗い淵にはナマズ、ウナギがかくれていて、カジカなどぱっくと食いに出てきて……そいつを今度はおれたちが捕まえるのしゃ。

　年中、魚を捕って、そいつを食ってね、この川を命綱にしてるから、このあたりを、川の分け前にあずかるということで「川前」と呼んでいるんだね。

山奥の一軒家での暮らしは、それぞれが孤立していては困難が多すぎるので、仁三郎さんの一族十五人は、一つ屋根の下で暮らしていたそうです。

まず、父方の祖父母、母方の祖父母、それから両親、兄弟九人、この十五人の大家族でした。

そして、父方の祖父権七郎（ごんしちろう）さんと母方の祖父新吉（しんきち）さんは兄弟で、一族は受け継いだ山や田を分配しないで、みんなのものとして一族で守ってきたのだと言います。

田植え、稲刈り、屋根葺き、なんでも山の中の一軒家で暮らす人たちは力を合わせなくては、「一日も生きていけなかった」と言います。

こうした中で、家族は一人ひとりがそれぞれの持ち場を持って暮らしてきたのでした。

四　二人の祖父と二人の祖母

父方と母方の祖父が、ともに一家の中で暮らしていたのでしたが、この二人の祖父について、こんなふうに語ってもらいました。

> 父方のほうの権七郎を「おじんつぁん」と呼んで、母方のほうの新吉は「お」をとって「じんつぁん」と呼んで区別していたよ。
>
> 二人にはそれぞれに持ち場があって、川のことは権七郎おじんつぁんに教わったし、山のことは新吉じんつぁんに習ったの。
>
> 権七郎おじんつぁんは、川で魚を捕るのが名人だった。
>
> 不動大滝の深い滝壺に潜るんだ。一〇メートルも二〇メートルも潜っていってヤスで山女（やまめ）なんか刺すのしゃ。桜鱒（さくらます）のでっかいのをいっぺんに十本も二十本も捕るんだからな。それを見て習ったから、おらも魚捕るのうまいんだよ。机の勉強よりも「川学校」の勉強をいっしょけんめにやったのしゃ。

新吉じんつぁんのほうは山での猟が得意でしゃ、鉄砲持たせたら天下の名人だったと思うよ。川に潜るのは上手でなかったが、鉄砲持たせて熊撃ちやらせたら、かなう人はいなかったよ。熊のこともよく知っていて、いろいろと教えられたのしゃ。

そして、おらが馳(は)せるようになると、すぐに兎追いやらせらったね。追い方が下手だととんでもないほうへいってしまうから、大変なんだ。

初めて鉄砲撃ったのは、小学校に上がった年だったから、六つだね。音が激しくてや、おっかねえのしゃ。目つむって撃つから、さっぱり当たらねえのしゃ。そのうち、腕を上げたけどね。

こうして、二人の祖父から、仁三郎さんは「川学校」と「山学校」とを教えられたと言い、それが本当の「学校」だったと言っておられました。

そして、もうひとつの「学校」は、父方と母方の二人の祖母から毎晩聞いたという「昔話」でした。テレビもラジオもないどころか、電気もない山奥の一軒家での楽しみは、二人の祖母がこもごもと語る昔話だったということでした。

父方の祖母はかさねといい、「かさねおばんつぁん」と呼んでいたそうです。そして、母方の祖母はたつよといい、なぜか「お母(があ)」と呼んでいたそうです。

かさねおばんつぁんは、兄嫁だから威張っていて、家の中のこまかい仕事はたつよお母に任せて、自分は男のように外仕事に励んだと言います。田畑の仕事から、山での炭焼き仕事から、材木の伐り出しから、まず、男に負けない仕事ぶりだったそうです。それに対して、たつよお母は、飯炊き、掃除、洗濯、家の中の仕事を引き受けてこなしていたと言います。
二人とも、学校へ行ったことのない人たちで、字というものは読めず書けずだったけれども、かわりに話好きで、いつもなにか話をして、孫たちを喜ばせてくれたそうです。
かさねおばんつぁんは、実家のある青野部落に伝わる伝説の数々や、たくさんの世間話をおもしろおかしく語る人でした。そして、たつよお母は昔話をよくする人だったと言います。小さい時に親を亡くして、あちらこちらにたらいまわしにされて大きくなったという苦労の多い方だったのに、どこで聞いたのか昔話はよく知っておられたそうです。仁三郎さんはなつかしそうに眼を細めて言われました。

苦労した人だから、情けも深くてね、声を荒げることもなかったよ。
おら、たつよお母のあとばかりついて歩いて、昔話をせがんだものだった。
なにかおやつみたいなものをせがむと、ミカンだの煎り豆だの出してくれながら、
ぜんごろどのか　ごろどのか
ちょっとやすんで　お茶あがれ
お茶のこうこは　なぁになに（ここでその日のおやつの名前を言う）
なんて唄っこうたいながら出してくれたものだ。

自分の名前さえ書けない年寄りだったけれど、仁三郎さんは、このお祖母さん二人を「昔話の神様」だと思っていたそうです。

かさねおばんつぁんが初めて「字」というものを書いた出来事も、また楽しく聞きました。それはこうです。

戦後になってからのことだけど、急に「選挙」というものが流行ってしゃ。

おらの親父も、山奥の一軒家から町会議員に立候補したんだ。親父はかさねおばんつぁんの息子だから、おばんつぁんは選挙に行って息子の名前書いてこねばねえのしゃ。ところが、書けねえ。字を知らねえ。

親父の名前は「小松新三郎」つうのしゃ。それで、小松の「こ」と、新三郎の「しん」と書けばそれでいいということにしてもらったのしゃ。

さあ、大変しゃ。砂場さ行って、そこで字の稽古だ。「こ・し・ん」の三文字を書くのに、かさねおばんつぁんは必死だったね。

「字が書けねえから、書いてくれって、誰かに頼めばいいさ」

なんて言っても、だめしゃ。

「町会議員に立つ息子の親が、字が書けねえつうのは恥ずかしい。せめて、三つの字くらい覚えなくてなんねえ」

って必死に練習したんだよ。

ただ一回「こ・し・ん」って書いたのが、七十になってからしゃ。これが字を書いた初めてで、そして終わりだったたわけ。はっはっはっ……。

二人の祖父から「川学校」「山学校」を教わり、二人の祖母から「民話」を教わった仁三郎さんに、もう「学校」は必要なかったようです。鹿原分校で六年生を終えた仁三郎さんはそのまま高等科二年になりました。

そこで「学校」は終わるはずでした。しかし、昭和二十二(一九四七)年公布の新しい教育制度のもとで六・三・三の学制が敷かれました。仁三郎さんは新制中学校の三年に組み入れられることになり、あと一年通学しなければならなくなりました。役場からその通知が届いて、「義務教育だから、もう一年学校に通うように」と言われたそうですが、仁三郎さんは、

「おらは義務教育には参加しません」

こう返事をして、とうとう新制中学校には通わずじまいだったということです。

そして、ここで、仁三郎さんの「学校」はすっかり終わりを告げました。あとは家にいて、おじんつぁんたちの川仕事、山仕事、おばんつぁんたちの田んぼ仕事、畑仕事を手伝って過ごすようになりました。

五　父と母

仁三郎さんのお父さんは「仏の新三郎」と言われるほど、おだやかな人柄で、怒った顔を誰も見たことがなかったそうです。山奥から小学校に通ったのは仁三郎さんと同じでしたが、成績が優秀で高等科二年を終えると仙台歩兵第四連隊に入隊し、上等兵までになったと言います。

除隊になって川前の家に帰って来てからも、近隣の集落の人たちの世話をよくして、山奥の一軒家なのに町のまとめ役を買って出たばかりでなく、町会議員にも当選して長くその任を務めました。

　世話好きで人のためによく働いたし、自分の家でもよく稼いだのしゃ。炭を焼いたり、山に植林したり、休む暇なく働いたね。馬も飼った。農耕馬を育てていたが、育て方がうまいから、馬の品評会の表彰状なんかいっぱいあるのしゃ。

　戦争になって軍馬として買い上げられるようになったよ。農耕馬を軍馬にするのはたいへんな出世なんだよ。

小野田町で馬の競り市があると、お父さんは馬を連れて早くから出かけました。前の日には馬をきれいに磨いて連れていくのでした。

それは次第に軍国主義の色を深めていた時代であって、いい軍馬は高値で売れ、おまけに優秀な馬を育てるとメダルと報奨金百円がもらえたそうです。百円といえば大金で、当時の米六十俵にあたるお金でした。お父さんは、育てた馬が軍馬として高く売れると、ご褒美として家族みんなにそのお金を分けてくれたそうです。

「家族みんなで育てた馬だから、みんなで分けることにすべえ」

お父っつぁんはこういって、それぞれのお膳に一円ずつ置いてくれるのしゃ。

家族は十五人いたから十五円しゃ。ところが、おらは、金の使いようなど知らねえもんだから、「ほんな銭(ぜに)っこ要らねえ」って返したよ。したら、みんなも「要らねえ」「要らねえ」って返したから、結局、お父っつぁんがみんなもらうことになって、家計の足しに、そいつしたんだね。

けんども、戦争が終わると途端に、馬はもう要らなくなったのさ。

お母さんも、お父さんに負けずやさしい世話好きな人だったと言います。ただ、戦時下の「産めよ増やせよ」の国策もあって、体を休める暇もないほど、ずっと胎に子を宿していたのでした。仁三郎さんが、「学校」を終わる頃も、まだ身ごもっていて、一番上のお姉さんを二十歳で産んでから、四十歳を過ぎるまで、始終小さい子がいたことになります。九人の子どもを産んで育てられたのでした。

でも、そんな体でよく働いて、夜が明ければ一番に野良に出て、仁三郎さんが起き出す頃には、もうその姿が見えなかったそうです。田植えや稲刈りの時には、他所の家の作業まで手伝って家にいないことが多かったのでした。だから、仁三郎さんにとっての「母親」は、母方の祖母のたつよお母だったのです。ただ、その無理がたたってか、七十になると起き上がれなくなって、その後十年もの長きにわたって床についておられたそうです。

父親の新三郎さんは、八十歳の時に、孫と沼エビを捕りにいって、どっさりのエビを捕った翌日に、ころんと倒れて亡くなったと言います。

対照的な父と母の死を思うたびに、心は波打って、

「うんと悲しいのしゃ」

と涙を拭かれました。

六　戦争のこと、一雄兄のこと

九人兄弟だった仁三郎さんにはお兄さんが二人いました。

そして、一番上のお兄さん一雄さんは、仁三郎さんと十歳も歳のちがう大正十一（一九二二）年生まれでした。一雄さんは、仁三郎さんの自慢のお兄さんでしたが、あの戦争の末期に中国で戦死されました。

「こうして話すのが供養になるんだっちゃ」

時折、目を拭いながら、一雄さんのことをよく話してくださったのです。


おら、小学生の頃しゃ。雪が降ると、鹿原分校まで通うのが大変だから、分校の、そのまた分校ができるのしゃ。十二月から三月まで、おれみたいな山奥のやつらが集められて通ったのしゃ。

ところが、戦争が激しくなると分校の先生たちもみんな兵隊にとられてしゃ、誰もいねえのよ。それで、おらの一雄兄ちゃんが代用の先生になったんだ。

おら、一年生だったけど、とっても自慢だったよ。おらの家は山奥だから電気もなくてしゃ、よく

馬鹿にされてたんだ。

「おめえ、電気つうもの見たことねえべ。ラジオ、聞いたこともねえべ」

友だちにこう言われるたびに、

「電気なくたって、おらの兄ちゃん、学校の先生なんだぞ」

って言い返したのしゃ。

兄ちゃんは先生の資格も何もないけど、他に人がいなかったんだね。


お兄さんは、先生になっても勉強を教えるよりは、みんなをよくウサギ狩りに連れていったりしたそうです。ウサギを捕まえると、その肉を煮て、カレー粉のかわりに南蛮粉をつかったカレーライスのようなものを作って生徒に食べさせたり、くるんくるんととんぼ返りなんかして見せて、サーカスの真似をしてくれたり、それはそれは楽しい先生でした。その一雄兄さんが、他の人のように「軍隊にとられることはない」と思われていたのにはわけがありました。


ある冬だった。親父と二人の兄ちゃんでウサギ狩りしていたのしゃ。

ところがウサギ野郎、笹山さ入り込みやがったのしゃ。

「雪の笹山さ立って、追えっ」

親父が叫ぶから、おらたちは雪かぶった笹山さ上がったよ。一雄兄ちゃんが一番高い笹山の真ん中さ立ったら、ウサギ野郎、ぴょんと飛び出してきたのしゃ。

「それっ」

って、兄ちゃんがそのウサギを踏みつけようとしたら、親父が、その時、鉄砲撃ったんだねえ。

　ズドーン
その弾が兄ちゃんの腿を撃ち抜いて、兄ちゃんひっくり返ってしまったのじゃ。

　医者さ背負っていったけど、まさか親父が撃ったとも言えないから、

「竹藪で転んで、竹を刺した」

って言ったのよ。


　このような怪我をして、歩くのにもやや足を引きずるようであったから、まさか兵隊にいくことはないと思っていたけれど、のどかな代用教員の生活はすぐに終わって、一雄兄さんは間もなく兵隊にとられて中支へ連れていかれたのでした。


　一雄兄さんが出征すると、お母さんは毎朝、神棚に水をあげて、戦地での息子の武運を祈られたそうです。一雄さんのだけでなくて、近所の出征兵士の分も陰膳を供えて、

「これはマコトの分、これはシンゾウの分、これは一雄の分……」

と言って、毎朝手を合わせたということです。


　ふしぎなことに、供えた水が凍ると、戦地で変事があるという言い伝えがあって、毎朝、供えた水を見て胸を撫でおろしていたというお母さんでしたが、ある朝、狂ったように供えた水の茶碗を庭に投げられたそうです。

「なして（なぜ）凍る。なして凍る」

一雄兄ちゃんの茶碗の水が凍ったのでした。その氷を足で砕いて激しく泣かれたと言います。

胸騒ぎを感じながら、その後の日々を送っていたところへ「戦死」の公報が入りました。

何百里も離れた中支で亡くなったのに、お母さんのところへ、陰膳の水を凍らせて、死ぬ間際、別れの合図を送ってこられたのでしょうか。

それでも一雄兄さんの死を認めたくなかったお母さんは、

「きっと帰ってくる。一雄は帰ってくる」

そう言い続けておられました。

しかし、その死はやはり本当だったことが、戦争が終わってから明らかになりました。

そのいきさつは、こうです。

ある日、一雄兄さんと同じ部隊にいたという人が訪ねてきたそうです。その人の話によると、一雄兄さんは機関銃隊に配属されて、機関銃や銃を管理する役目だったそうです。

ある時、敵に襲われて、みんな管理していた機関銃など投げ出して逃げるというとき、一雄兄さんだけは真面目に機関銃の弾がぎっしりと入った重い荷物を背負って、鉄砲も放さないで遅れて走っているうちに、敵の弾に当たって倒れたということでした。

あとでわかったそうですが、弾が六発も腿を抜けていたのでした。

一雄兄さんは、その人にこう言ったそうです。

「おれは腿の怪我のために命を落とす。君、命あって故郷に帰ったら、おれの家族に伝えてくれ。昔、ウサギを追っていて、誤って親父に腿を撃たれたが、その腿を今度は敵に撃たれて命とられる」

この話を聞いてみんな声をあげて泣いたそうです。

「間違いなく一雄の言葉だ。一雄は間違いなく死んだんだ」

みんなは、一雄兄さんの戦死を認めないわけにはいかなくなったのでした。

この場面を語りながら、仁三郎さんは何度も目を拭われました。

「おらのご先祖さまも家族も、みんな長生きだったが、もう一人の兄は、ここが山奥なために、医者に連れていかれなくて肺炎で死に、一雄兄ちゃんは戦争のために異国で死んだのしゃ」

その死は、昭和十九年四月十五日のことでした。

七　ちくささんとの出会い、そして子育て

仁三郎さんは、その後も山奥の家で暮らしていました。

そのあいだには民謡歌手に憧れて、東北の民謡の第一人者の後藤桃水先生に弟子入りしたこともありました。また、相撲の好きな新吉じんつぁんのために、この山奥になんとかして電気を引いてラジオを聞かせたいと願って、水力で電気を起こすことに熱中した時期もありました。

しかし、兄弟の多い仁三郎さんは、いつまでも家にいられなくて、家を出て生きる道を探さなくてはなりませんでした。そして、山を下りて麓の鹿原の町で、商売をすることになりました。

呉服、雑貨の「小松呉服店」なんて、気取った名前つけたんだや。

要するに一間間口（約二メートル）くらいの小さい店を借りて、足袋だの、晒し木綿だの、マッチだの、軽石だの、ごちゃごちゃと並べてなんでも売った。

それも待っていたって、田舎のことだから誰も買いにこねえから、こっちから行商して歩くのしゃ。

行商先は、大抵は山奥の家だったから、持っていくと喜ばれてよう、それがうれしくて、自転車さ山のように荷物積んで売って歩いたのしゃ。いっしょけんめになってやったよ。

おら、ばあちゃんたちに評判が良くてや、待っていてくれるのしゃ。

「まず、お茶っこ飲め」

なんて言われて、ばあちゃんたちの話語りが始まるのしゃ。

おれも好きだから、いろいろと話してやあ、それで広い世間を教えてもらったようなものよ。

おらの「学校」は、山奥のここにもあったのしゃ。


そのうちに、仁三郎さんは自分の小さな店にも看板というものがほしくなったのでした。ちゃんとした看板を上げて、将来は立派な店舗にしてやろうと考えたと言います。

それで、近所の人に、

「看板を上げたいが、なじょしたらよかんべや」

ってたずねたら、その人がいい知恵を授けてくれたそうです。

「おまえは山の中で育ったから『山仁』つうのはどうだべ。おまえは字が書けねえべから、おれの姪が小学校の先生をしていて、たまげて字がうまいから、そいつに書いてもらうべ」

そう言われて会ったのが、小学校の先生だった今野ちくさ先生でした。

これが縁で、この方が後に仁三郎さんの愛妻になられたのでした。

ちくささんは、足と顔に若干の障害を持っておられましたが、「千の草」を思わせるその名のようにうつくしい気品を感じさせる魅力的な女性でした。とくに習字が得意で、仁三郎さんの代わりに、いつもうつくしい文字で年賀状を書いて送ってくださいました。

「看板書いてもらったのが縁で、おれにはもったいないようなちくさ先生が、おらのかあちゃんになったわけしゃ」

昭和三十三年、仁三郎さんは二十六歳でした。

それからの生活では、学校の勤めに出るちくささんに代わって、家の中の仕事、子どもが生まれてからの育児、すべて仁三郎さんが受け持って、文字どおり「主夫」としての仁三郎さんの暮らしが続きました。もちろん、「山仁」の看板をかけて、店の仕事、行商も続けていました。

誰も助けてくれる人がなくて、おら、息子を負ぶって店にも出る、行商にも行く、自転車に行商の荷物を山と積んで、息子を負ぶって山道を漕いで行ったのしゃ。このあたりでは、男がそんなことをしていると物笑いの種なのしゃ。

「大の男がなにしてるか」

って言われるのしゃ。

だから、おら、かあちゃんの学校さ、息子の乳飲ませるために行くのがいやでしゃ、そんで、粉ミルクつうものを求めたのしゃ。この辺で粉ミルクつうもの使ったのは、おらが一番初めだよ。

洗濯もおらの仕事だったよ。息子負ぶって外で洗濯していると、通りがかりの者どもが、からかってや、

「お前はいいな。かあちゃんを勤めさせて、家で洗濯してればいいんだからな」

なんて言われると、癪にさわってしゃ、おら、古川まで行って洗濯機買ったよ、月賦でさ。この辺で洗濯機使ったのも、おらが初めてだな。それから電気釜も、おれが初めて使ったのしゃ。

「電気で炊いた飯はどんな味するのか」

なんて、みんなして行列をつくって食いにきたもんだよ。

山奥の電気もなにもないところで育ったおらが、ここでかあちゃんと息子と暮らすためには、一番新しい電気器具のお世話にならなくてねかったのしゃ。

八　仁三郎さんの宝物、ケサランパサラン

休む暇もない暮らしだったけれど、そんな中でもいつも楽しみと喜びを見つける仁三郎さんでした。宝物「ケサランパサラン」の話もまた楽しいものでした。

わたしがその話を聞いたのは、ある年の小正月のことでした。

仁三郎さんのもとへ通ってその語りを聞くようになってからは、毎年のように、小正月が来ると、

「小正月を一緒にやりましょう。遊びに来なさい」

というありがたいお招きの便りが、ちくささんのうつくしい筆書きで届くのでした。

ある年の小正月でした。山田裕子さんと夫の和郎さんも一緒に仁三郎さんを訪ねました。

仁三郎さんは、立派な桐の箱を取り出してきて、そっと蓋を開けてわたしたちのまえに置かれました。

「くしゃみなどして飛ばさねえでけろよ。ほら、鼻と口押さえてから見てけろよ」

こう言われ、鼻と口をしっかり押さえてそっと箱の中を覗くと、底に敷いた紫色のビロードの布の上に、白い毛玉みたいなものが四つ横たわっていました。

「こいつがケサランパサランというやつだよ。四匹いるべや。一番奥のが本物しゃ」

本物でないほうのケサランパサランは、三センチほどの真っ白な毛玉です。真ん中に目玉といえばそうかもしれないと思われる目みたいなものがあって、そこから放射線状に白い毛が広がっています。

「こいつが本物だ」

仁三郎さんが得意げに鼻をぴくぴくさせて披露された一つは、毛ばだったところがなくて、細く光る銀色の糸を丸めたような形をしていました。やや小さくて直径は二センチほどでした。

「こいつらは白粉（おしろい）を食って生きてるんだよ。かあちゃん（ちくささん）が嫁に来るときに持ってきた一番いい白粉を食わせているのしゃ」

しあわせなケサランパサランは、上等な白粉を、しっかりと敷いてもらって、陽気な顔を並べて、わた

しのほうをじっと見ていました。

「こいつ見たから、今年はいいことあるよ。小正月の祝いの品っつうところかな。こんなの持っていたって、金になるわけでもねえし、誰も買う人もいねえよ。でもな、ただ持ってるだけで、おら、楽しくてやあ……」

そして、仁三郎さんの話は、初めてケサランパサランというものに出会った日のことに及びました。

先に、仁三郎さんが水力発電に熱中した時期があったと書きました。

川前の一軒家には、戦後十年がたっても、まだ電気がきませんでした。民謡歌手を志したほどに民謡が好きだった仁三郎さんは、なんとかして電気を引いてラジオで民謡を聞きたいと願いました。それだけでなくて、大好きな新吉じんつぁんに相撲の実況放送を聞かせたいと切に願ってもいました。

役場に頼んだり、小野田町の電力会社に頼んだりしますが、たった一軒のために電気を引いてもらうことはできませんでした。

それで、仁三郎さんは豊かな川前の水を使って水力発電を試みたのでした。苦労した末に最後は、船のバッテリーを動力にして、発電に成功したのだと言います。

その話が広がって、仁三郎さんは「電気おんちゃん」という新しい綽名をもらって、行商先の山奥の家から、発電を頼まれたりすることもあったそうです。

おらの家には昭和三十年頃まで電気がこなかったから、そんでおら、水車で、ガッタンガッタンって電気起こしたのしゃ。それが評判になって、「電気おんちゃん」って呼ばれるようになったのしゃ。

ある時、おれの行商先の家で、

「電気起こしてけろ」

って頼まれて、自転車にバッテリー付けて、山坂漕いで行ったのしゃ。

そこの息子は山で炭焼いていたが、突然、帰ってきたのしゃ。

そして、大事そうになにか握っていて、

「おれ、ケサランパサランとってきた」

なんて、わけのわからないことを言うのしゃ。

「なにこの野郎。仕事さぼって、おかしなこと言ってやがる」

おれは腹を立てて、息子に食いつくと、そこのばんちゃんが、息子の握ってたものに目を押っつけて見てたっけ、

「ああ、ほんとうにケサランパサランだ。これはしあわせを呼ぶ縁起のいいものだから、大事にしなくてねえぞ」

そんなことを言うから、おら、たまげてしまったよ。

それから、じいちゃんも呼んで、桐の箱さ入れて、白粉食わせて育てるんだなんて、白粉を探すんだけど、ないのしゃ。

「んで、うどん粉でもいいべ」

なんて、三人して騒いでいるのしゃ。

「人に見せるとご利益なくなるつうけど、電気おんちゃんならいいべ。見ろ」

って見せられたのだが、ウサギの尻尾をぽつんと切ったような、ぽやぽやしたものしゃ。

「もっとぴかぴか光るのもあって、そいつが本物なんだ」

って、じいちゃんが教えてくれたんだね。


この時から、仁三郎さんはケサランパサランのことが頭から離れなくなってしまったと言います。炭焼きの息子が、仕事を放り出して持ってきたケサランパサラン、それを見て喜んでいたじいちゃんとばあちゃんの姿、それを持っていても、お金になるわけでもないし、なんということもないのだけれど、白粉のかわりに敷いたうどん粉の上で、しあわせそうに笑っていたケサランパサラン——仁三郎さんは言います。

「なんだか楽しくてやあ。おれの頭さこびりついて離れなくなったのしゃ。いつか、おらも見つけたいもんだと思ったのしゃ」


古来、ケサランパサランとかテンサラパサラとか、その名もおもしろいこの生きもの(?)を、ある学者が、白粉を食べて繁殖する生物だと証明したということですが、真偽のほどはわからないそうです。本当かどうか、そんなことはどうでもいいような気がします。その存在を信じて、それを四匹も捕まえた人がここにいるということが、わたしはうれしかったのです。

そして、小正月の祝いに同席したわたしたちに、そのしあわせを分けようとする、その心がうれしいのです。

九　仁三郎さん、ケサランパサランを捕まえる

仁三郎さんに聞いたケサランパサランの話があまりにおもしろいので、それを書いておきます。四匹のケサランパサランをどのようにして捕まえたのか、仁三郎さんはその四匹をどんなに誇りに思って大切に育てているのか、その話です。

捕まえたケサランパサラン、一匹目、二匹目の話

山にワラビ採りにいった。五、六年ほど前になるかなあ。

野原の真ん中に尻ついて、パンをかじってぼんやりとしていたのしゃ。

そしたら、目の前に、ぽやぽやぽやぽやぽやと飛んできたものがあった。

「あれっ、なんだ」

と思ったけど、このへんで野ウサギでもキツネにやられて毛をむしられたなあ、なんて思って見ていたのしゃ。そしたら、パンかじっているおらの前さ来て、木の葉っぱに座ってじっとしているのしゃ。

おら、静かに寄って捕まえてみた。途端にあの炭焼きの息子のことを思い出したねえ。

「こいつ、ケサランパサランだ」

ワラビ入れるのに持っていたナイロンの袋に入れて、持ち帰ったのしゃ。ワラビ採るのもなにも忘れてしゃ、いそいで帰ってきたよ。

すぐに薬莱神社の宮司さんのところへ走っていったのよ。物知りだからね。

「宮司さん。見てけろ」

「こいつはケサランパサランだ。おれも持っているけど、本物はもっとぴかぴか光ってるもんだ」

はあ、あの時も、じいちゃんが「ぴかぴか光るのがある」って言っていたな、と思い出してやあ、「本物を捕まえたいもんだ」って思ってしゃ、頭にこびりついて離れなくなったのしゃ。

そしたら、ある朝、庭掃きしていたら、ぱかぱかぱかぱかって目の前を通りすぎたものがあるんだね。うんと小さいものだよ。光ってね。

誰の前でも一度や二度は通るんだけどね、その目を持ってないと見えないのしゃ。

「まて、まて、まて、まて」

おらは追いかけたね。捕まえたのしゃ。

また、宮司さんのところへ飛んでいったのよ。宮司さん、目を丸くしてや、

「こいつは本物だ」

って、たまげたのしゃ。宮司さんも持ってねえやつなのしゃ。

「この村の旧家に、じいちゃんの昔から仕舞っている古いケサランパサランがある」

宮司さんが、そんなことを言うから、その家に、おら、行ったのしゃ。

ところが、なんぼ頼んでも見せてくれねえ。

そんで、宮司さんに一緒に行ってもらったよ。宮司さんがそばから、

「こんなに見たがってるのだから、見せろよ」

って言ってくれて、やっと見せてもらったよ。

なんぼ昔からしまっていたのか、ウサギの尻尾切ったようなのが、桐の箱の中で、白粉いっぱい食わせられてたのしゃ。

「白粉食わせると殖えるというが、さっぱり殖えねえよ」

そこの旦那がこう嘆くから、おら、言ってやったのしゃ。

「そいつは男のケサランパサランだべや。女だったら殖えるべ」

「そんなことを言って、ほだら、あんたの家には女のやつがいるのか」

「ああ、ある、ある」

「嘘ば語るなよ」

旦那が怒るから、宮司さんが助け舟出してくれてや、

「仁三郎さんは、ほんとうに持ってる。ぴかぴかの本物だ」

したら、旦那は膝を乗り出してきてや、

「ほだら、あんたのを持ってきて、ここさ入れろ。一緒に育てるから」

「いやだよ。あんたこそおら家さ持ってきたらいいんでねえか。野郎ばり育てたってだめだ。おら家のは女のやつだから」

「どうせブスだべや」

「ブスでねえ。ぴかぴか光って、うんとめんこいやつだ」

それからは、ここの旦那と、顔さえ見れば言い合いになってしゃ、まだ決着がつかねえのよ。

アベックのケサランパサランを捕まえる

秋だったな。赤倉温泉へみんなで旅行しようということになって、行ったよ。十人ほどだったね。

「赤倉へ行くには山形を回らないで、宮崎から田代峠を越えて行くとすぐだよ。山形を回れば一時間半かかるけど、田代峠越えて行けば四十分だ」

まず。こういうことになったよ。マイクロバスで、田代峠越えて行ったのしゃ。


ちょうど、四時半頃だったかな、峠の近くの田代小学校分校跡に来たのしゃ。

「いやあ、なつかしいな。昔、この分校さ電気起こしに来たことあるんだ。三十年も前のことだけどな。バッテリー持ってきたけど、なにしろ峠の上だ。下を見ると、谷川に水がうんと流れていて、イワナがいっぱいいるのしゃ。電気起こすために水を上げようとしても、あんまり下だし、崖だから、なかなか水が上がらねえ。結局、電気起こされねえでしまったのしゃ。『困った。困った』って頭抱えて、イワナばり焼いて食って帰ったよ」

こんな話して、みんなを笑わせながら行って、分校の前まで来たら、

「バス。止まれ」

となって、分校で一休みしたわけしゃ。なにもないんだよ、いまは。

「田代分校跡」という立札だけが草ぼうぼうの中に立っているだけしゃ。

おれ、その立札に寄りかかって、昔のことを思い出していたっけ、目の前を、ぽやぽやぽやぽやぽやと来たものがあるんだねえ。

「あれっ」

よく見ると、アベックだものやあ。アベックのケサランパサランしゃ。

「誰か、袋持ってないか」

って叫ぶと、めずらしい蝶々でも捕まえたと思ったんだべな、誰かがビニールの袋をくれたから、そこさ二匹のケサランパサランを入れて、

「ほら、ケサランパサラン捕まえた」

って、みんなに自慢したんだよ。

でも、みんな笑ってばかりで、誰も本気に聞いてくれないんだよ。がっかりしたね。

その夜泊まった宿の売店さ行って、なんでもいいから桐の箱に入ったものがないかと思って見たら、桐の箱に入った夫婦茶碗があったのしゃ。二千円だとしゃ。

「この箱だけ、くれろ」

「なにするんですか」

「ケサランパサランを入れるんだから。中身は要らねえ。箱だけでいい」

って、二千円出したら、女中さんも大笑いしゃ。

だが、よくしたもので、そこの宿のばんちゃんが知っててしゃ、

「お客さん。ほんとうにケサランパサランでがすか。おらほうでも、そいつは縁起のいい物だから、一目見せてくれろ」

って、手をあわせるのしゃ。

「んで、ばんちゃんだけに見せるからな。あとの人たちはだめだからな」

ばんちゃんだけに見せたら、ばんちゃん、手をあわせて、

「あの世のいい土産ができた」

って喜んでくれたのしゃ。

こんなわけで。おらは四匹のケサランパサランを持っているのしゃ。


仁三郎さんのこんな話を聞いて、ケサランパサランを見たあとは、なんとも言えないしあわせな気分になるのでした。


ああ、いいものを見た。

わたしはケサランパサランを見たんだよ。

いいだろう。いいだろう。

見たよ。見たよ。
誰にも教えないよう。

こんなことをうたって、舞い舞いしたいような気分になるのでした。

語られる民話は、仁三郎さんのケサランパサランに似ています。持っていてもお金になるわけじゃないけれど、それを心に持っていると、楽しくて、なんとなくしあわせになってきます。そして、他の人とそれを分かち合うと、もっと楽しくなって、生きる力がわいてきます。

十　しあわせを独り占めしない

仁三郎さんは、わたしより三つ年上だけれど、義務教育になった新制中学校にも「参加しなかった」ことは、前にも書きました。

ちくささんと家庭を持って住み着いたのは農村だけれども、仁三郎さんは百姓ではありません。ずっと山奥に点在する集落へ、日用品を自転車に積んで売りに出向く行商仕事でした。小学校に勤務するちくささんを助けて、家の中の仕事全般、炊事、洗濯、掃除、そして子育て、なんでもこなしてきたのでした。

けれども、農村にあって田畑を持たないで、妻の留守を預かっての暮らしは、どこか「異端者」として扱われることが多い往時でした。

そんな中にあって、「民話」との出会いは、わたしたちが考えるよりもずっと大きな比重で仁三郎さんの生活の中に入り込んでいったのでした。

幼い時を過ごした川前での暮らしの中で、二人の祖母から聞いた物語は、

「ずっとばんちゃんたちのでたらめな作り話だと思っていた」

と、人前に出すものでないと考えていたのに、それが全国にも共通する大事な先祖の遺産に繋がるのだということがわかって、本当に目を丸くして驚かれたのでした。

折しもテレビでは「まんが日本昔ばなし」が放映され、学校教育でも民話が、新しい観点から注目されるようになっていました。その中には川前でばあちゃんに聞いた話がいくつも入っているのでした。

仁三郎さんは張り切って、今度は「民話」に没頭していったのです。

そんな姿を見て、お姉さんが「民話語り用」の帽子と上っ張りとモンペをつくってくださったといって、うれしそうにそれを着て、商売そっちのけで求められれば、あっちの学校、こっちの子ども会、養護施設や老人ホームなど、どこへでも出かけて、民話を語ってみんなを楽しませる日々が続くようになりました。

夢中になると、どこまでも突進する仁三郎さんです。

今度は、自分の家の中に、民話語り専用の部屋をつくって、いつでも誰でも聞きたい人はそこで民話を楽しむことができるようにしようと計画されたのです。

> おら、考えた。ほれ、家の裏にしゃ、有り金はたいて三十畳敷の座敷をつくって、民話語りの部屋にしよう。囲炉裏を切って、そこで火を焚いて、子どもたちに民話語って聞かせるわけだ。民話だけ

でねえよ。子どもたちのたまり場になればいいと思うのしゃ。うん、子どもだけでねえ。おとなも集まって、なんだりかんだり騒いでしゃ……。来年の小正月はそこでやるべ。

仁三郎さんはうれしそうに顔を輝かせて、こんなことを言われました。

話半分と思って聞き流していましたが、それは実現したのです。

予定よりはやや狭くなりましたが、二十畳敷ほどの、なんともいえない暖かくて型破りな部屋が、翌年の小正月にはできていました。

基礎だけは大工さんに頼んだけれど、あとは仁三郎さんの手づくりの部屋でした。

得意満面の仁三郎さんに案内されて、表の部屋からいったん外へ出ました。そこから、狭い土間を通って裏手に回ります。その部屋に着くまでの土間の天井には、

「隣町の商店会で祭りに使った花飾りをもらってきたのしゃ」

と言って、一面の造花が垂れさがっていました。

歩くわたしたちの頭の上に、金色や銀色の花びらが降り注いでいます。歩きながら、なんだかわくわくしてきました。

それから、部屋に入って、まず驚いたのは、部屋の壁が、すべて再利用の看板で張られていたことです。「ヤマハオルガン」「東芝電気」「○○モータース」「セイコー時計店」「サンヨー電機」「浦呉服店」「クスリの三共」などなど、大きいのや小さいの、横長のや縦長のを、すべて、パズルのように組み合わせた看板でできている壁でした。

おら、看板が好きでしゃ、捨ててあると拾ってくるのよ。雨にも強いし、丈夫にできているよ。木のもあるし、ブリキのもある。この頃のはプラスチックだけど、厚みがあって強いんだよ。昔の看板はなんか味があるね。おらもいつか、こんな看板上げたいと思ってしゃ。見ていると、なんだか百貨店の主人になったようなのしゃ、なんでもあるべ、ほら。

ほんとうに百貨店でした。布団屋のもあるし、電化製品の店のや、味噌麹屋のもあるし、サイダーの看板もあります。なんでも欲しいものがずらりと看板を並べているのですから、それはそれはまことににぎやかな百貨店になっていました。

部屋の正面には一段高く舞台もつくってありました。舞台の壁も看板でできています。わたしたちをその舞台に座らせて、仁三郎さんはパチパチと何枚も写真を撮りました。

そして、看板だらけのこの部屋は、ちくささんの大事な場所にもなっていました。

こんな田舎でも、この頃は隣の中新田(なかにいだ)の町まで、習い事にいく子どもがふえてしゃ、習字だのそろばんだの習ってくるんだよ。なかには行かれねえ子どももいて、そいつらが可哀想だからって、かあちゃん(ちくささん)は、ここで習字と勉強を教えているのよ。

金? 金なんてもらわねえ。だって、金がなくて中新田さ行かれねえんだから。

それに金もらったら意味ねえのしゃ。この部屋はタダなんだ。タダ、タダ。

仁三郎さんはちくささんを見て、うれしそうに笑っています。

そうだ。看板が好きなのには、もうひとつ理由がありました。大事な最愛のちくささんと仁三郎さんを結んだのは「看板」でした。思い出しました。

仁三郎さんが初めて店を持った時、看板を上げたいと思っても、字を書くのが得意でない仁三郎さんでした。それを見かねた近所の人が、

「字のうまい先生を紹介するから」

って、その人の姪にあたるちくささんを紹介して、初めての看板を書いてもらったのでした。

　ここに座っていると、なんだか「道がひらけた」って気がしてうれしいのだよ。
　あんただちに会ったから、それで、おらの生涯の道がひらけたのしゃ、ほんとうだよ。嘘でねぇよ。
　ほだから、そっちさ足向けて寝られねぇのしゃ。
　はっ、はっ、はっ、はっ……。

元気に笑った仁三郎さんの顔が、いまも目にあります。

仁三郎さんもちくささんも、いまは鬼籍に入られました。この世でお目にかかることはできません。八十四歳で亡くなる前に最愛のちくささんを失って、仁三郎さんは別人のように静かな人になられました。かつて、「ジンザベロ」と言われるほどの口達者が、じっと背中を丸めて山のほうを見ておられた姿が忘れられません。

ある夜のことでした。

わたしは未知の人から電話を受けました。

静かなその声は、老齢の女性のようでした。

「小松仁三郎さんが亡くなられましたよ」

声はそれだけを告げて、名前も言わずに消えました。

まるで黄泉(よみ)の国から届いた声のように思われました。

「仁三郎さん」

その名を口にすると、やっぱり頬がゆるんで笑いがこみ上げてきます。

わたしは笑いながら泣きました。

あの世でちくささんに会った仁三郎さんは、「ジンザベロ」になって、あの世のみなさんを、きっと笑わせて得意になっておられることでしょう。いっぱいの看板を背負って、ね。ありがとうございました、仁三郎さん。

どーびん　さんすけ　さるまなぐ
さるの尻(けっつ)に　毛が生えて
けんけん毛抜きで　抜いたれば
めんめん目っこに　なりました

はなし　はつけて
むかし　むつけて
赤え　つんぬきこ着て
向けえ山さ　行ったどや

それで　まんまん
終わりだづぉ　ほれ　ほれ
はっ、はっ、はっ……。

こうして仁三郎さんの生涯を書いてきますと、楽しいことが大好きだったその姿や言葉が思い出されます。そして、耳元には仁三郎さんの笑い声が響きます。

しかし、それについては語られることがありませんでしたが、実は仁三郎さんの大切なご長男は障害をもっておられ、仁三郎さんは同じく障害のある子をもつ親の集まりの責任者を長く務められました。

仁三郎さんの語りをまとめた書籍を『小松仁三郎のむかし語り・はなし語り　どーびんさんすけ　さるまなぐ』と題して、「みやぎ民話の会叢書第七集」（みやぎ民話の会、一九九九年）として発行したとき、仁三郎さんはその多くを買い取って、先述の親たちに配られたのでした。

第三章

楳原村男さん

ガダルカナル島へ行かず憲兵学校へまわされて

一　日照田の掘っ立て小屋

椋原村男さんは、宮城県北部に連なる船形連峰の中の栗駒山の麓で誕生されました。
正確に言うと、そこは、かつて栗原郡栗駒村深谷日照田（くりはらぐんくりこまむらふかやひでりだ）と呼ばれ、「日照田」というその名のように、山間の地であることから水を引くことが難しくて、乾いた田が点在する貧しい集落でした。

村男さんは、その日照田の一隅に住む若い夫婦の長男として誕生されました。大正八（一九一九）年二月のことです。

「柿の木に寄っかかるようにして建った掘っ立て小屋だった」

生まれた家の様子をこのように表現されました。土台というものもなくて、地面を掘って柱を立て、その上に板切れを並べて屋根をかけ、板壁一枚で吹きつける栗駒山の山背を防ぐといった有様で、もちろん電気もなく、ランプさえ持てない暮らしだったと言います。

村男さんは、六歳までをここで過ごされますが、幼い子どもの目がとらえた掘っ立て小屋の様子をよく覚えておられました。そして、この掘っ立て小屋こそが、のちに村男さんに民話の種を植え付けた大切な場所になっていったのです。それについて、もう少し村男さんの幼い日の周辺の様子から筆をすすめてみたいと思います。

村男さんの若い両親は、貧しい暮らしから脱出して、人並みの家を建てるために、身を粉にして働かれたと言います。そして、村男さんが七歳になった夏に、念願の草屋（くさや）（茅葺き屋根の家）を建てて、日照田を出て猿飛来（さっぴらい）の地に移ることになりました。若い夫婦にとって、この草屋を建てることがなによりの悲願だったと言いますが、そのためには、当然ながら並々ならない苦労の年月がありました。

おれの親父は、おんつぁま株（家を継ぐ長男以外の息子たち）だったから、よその大きな家の口任せとして働いたのしゃ。口任せというのは、そこで食わせてもらって稼ぐことで、まあ、賄い付きの雇われ人というところしゃ。もう世帯も持って、子どもも生まれてあったが、若いやつらに負けないで、人の倍も三倍も働いたのしゃ。

「そんぞくどり」っていって、年契約で雇ってもらって働くのだから、めったに家に居ねえ。たまに夜中に帰ってくることがあったが、翌朝はもう居ねえのだ。

おふくろもよその家に稼ぎに出ていたね。

おれの面倒をみてくれた祖母さまも、じっとしていなかった。このあたりでは良質のイグサが採れたから、祖母さまはそいづで畳表なんか織ったりしながら、家のことをしていたのしゃ。

当時の農家では、継ぐべき田畑は限られていて、総領の長男にだけ譲り渡されるのが一般的な姿でした。とりわけ貧しい家の次、三男以下は「おんつぁん」「おんつぁま」と呼ばれて、家を出て独立するために働かねばならなかったのです。嫁をもらうこともできずに他家で働いて一生を過ごす人もあり、そのまま、生家に残って「おんつぁま」として生涯を終える場合も少なくなかったと聞きます。いづれにしても厳しい現実が待っていました。

「おんつぁま株」であった村男さんのお父さんも、家を出て大きな農家に雇われて働くことになります。

年ごとに契約は更新されたそうですが、ともあれ一年のあいだは働くことを約束された雇われ先であったことはしあわせでした。こういう人を「そんぞくどり」と呼びました。

　頑丈な身体と、よく物を知る頭脳に恵まれて、雇われ先での働きも抜群だったお父さんは、その働きを買われて、年に十俵の米が給金として与えられたと言います。「そんぞくどり」として働く男が、年に十俵の米をもらうのは、当時としてはとてもめずらしいことで、並大抵でない働きがそこにあったことを物語っています。

　朝から晩まで雇い主のために働きづめに働いたお父さんへの一年の報酬が米十俵であり、この十俵が草屋を建てるための基礎になっていったのでした。

　口任せで働くお父さんは、家で食事をすることがないので、家に居て米を食べるのは、祖母と母親と幼い村男さんだけでした。米を食べる三人は、できるだけ節約して米を残し、それを貯めて売ったり、米に不自由する人たちに貸したりして、お金を貯め、それが草屋を建てる身上になっていったということです。

　そうこうしているうちに、幼い村男さんの世話をしてくれたお祖母さんは、村男さんが二歳の時に亡くなりました。子守りをしてくれたお祖母さんが亡くなったあと、二歳の村男さんは一人で家に置かれたそうです。あちこちに這い出さないように、イグサで編んだ籠の形の「えんつこ」（後述）の中に押し込められて、一人で家に置いておかれました。

　しかし、働き者の両親に似てか、「えんつこ」に入った幼子ながら、村男さんは口が利けるようになると、三つ四つの歳から、家の留守番役をしたのだというから驚きます。両親とも稼ぎに出て家にいないのです。それでも用があって訪れる人がありました。そういう人の相手をして、ちゃんと用事を聞いておくのだそうです。そのなかに善助さんという父親の友だちがいて、この人が、「えんつこ」に入って留守番役をしている幼い村男さんに民話を聞かせてくれたというのです。

二 「えんつこ」に入って聞いた民話

村男さんが一日中、そこに入っていたという「えんつこ」とは、どんなものだったのか、その様子はどのようなものだったのか、村男さんはこんなふうに語ってくださいました。

あのな、「えんつこ」は昔の保育器のことしゃ。

当時、栗駒村ではイグサの栽培が盛んでね、そのイグサを使って編んだ直径が一メートルほど、高さは五〇センチくらいの籠で、真ん中あたりが丸くふくらませてあって、底は抜いてあるのしゃ。別に、座布団のような丸いのを編んでそれで底をふさぐのだが、そいつをサンダワラっていうのしゃ。サンダワラの上に灰(あく)を置いて、またその上にイグサを束ねたものを置くのしゃ。それをスッツギと呼んでいたなあ。このなかに空(から)っ尻(けつ)(素裸)、どぶっと入れられるのしゃ、おれは。籠から出られないようにされて、一日中、そこに入っているから小便も大便も垂れ流しだけんども、スッツギがみんな吸収してくれるから、蒸れないのしゃ。オムツ付きの保育器というところかな。

汚れたスッツギは、家の前の通し苗代という年中水を流している苗代さ持っていって、たっぷたっぷと洗うわけだ。あと、きれぃな水ですすいで、それを干しておいて、また使う。こういうわけで、通し苗代にもおれが排泄した肥料がかかるし、一石二鳥なのしゃ。

寒い時分には、「えんつこ」の中さ、ぼろ布を詰めて、そいづをドウズと呼んでいたが、ドウズが汚れると、洗って囲炉裏の木尻に渡したワタシという唐竹で組んだ物干しみでえなものにかけて、下からぼんぼん火ぃ焚いて、ぼうっと温めて、また「えんつこ」の中さ詰めるのしゃ。うんとあったかくて気持ちいいもんだでや。

四つ五つになって、走ってあるくようになっても、「えんつこ」さ入れられてたね。大きくなって勝手に「えんつこ」から出るようになると、今度は出られねえように肩さタスキに紐掛けられっから、動かれねえのしゃ。

そうやって「えんつこ」さ押し込められたまんま一日過ごすのしゃ。

そして、お客さんなんか来てしゃ、

「母(がが)さん、どこさ行ったのや」

なんて聞かれると、

「後(うっ)しょの畑さ行ってだ」

って教えて、ちゃんと留守番役を足しているのしゃ。

なかに、おれどこ、もぞこい（かわいそう）と思ってくれる人もいてしゃ、木の枝なんか折っしょって、そいつをカギに曲げてやぁ、くるくる回してやぁ、

べろべろやぁ　べろべろやぁ
だれのほうさ　向いた
ほれ、村男のほうさ　向いだぁ

なんてうたってあやしてくれる人もいたなぁ。木の枝がおれのたったひとつの玩具だったのしゃ。

四つ五つながら「えんつこ」に入って留守番役を務める村男さんに民話を聞かせてくれる人があらわれたのは、それから間もなくのことでした。

甲斐性のあるお父さんは、さまざまな人から頼られて、なかにはお金を借りに来る人もあったということです。村男さんの家も貧しいのですが、もっと貧しい人たちがいて、明日食う米にも不自由する家もめずらしくなく、娘を貸す(売る)家もあちらこちらに出てくると、お父さんは、それを我がことのように心痛めて、なけなしのお金を貸すこともしばしばでした。

父に頼みごとあって来る人の中に、善助さんって人がいたった。

この人は、親父に金を借りさ来るんだったのしゃ。おれの家だって貧しいんだけっども、親父はとにかく一年で十俵の米をもらっていたから、そこを見込んで金を借りに来るのしゃ。

善助さんは、いつでも親父が帰るまで待ってんのしゃ。いまのように電話があるわけでねえし、親父はいつ帰るかもわかんねえし、金のことだから、まさか、おれに言うわけにもいかねかったんだべさ。いつまでも、そこにいるのしゃ。

そのうちに、善助さんも徒然（退屈）になったんだべしゃ。んだから、おれ相手にして昔語りして待つようになったのしゃ。

善助さんは「えんつこ」さ寄りかかってやぁ、おれの顔見ながら、

「村男。今日はなに聞かせるべな。おもしぇえ話いいか。おっかねえのいいか。ほれ、どっちだ」

なんて言って、語るのしゃ。

善助さんは、おれの家さ金借りに来るような甲斐性のない、ま、いってみれば怠け者みでぇなふうでもあったが、昔話をよく知っていて、つぎつぎと語ってくれたんだよ。それで、おれは覚えているのしゃ。

父親とか母親とか、祖母さんとかに聞いたんでねんだね。

金借りに来て、一日そこに腰おろしていた善助さんから、つぎつぎと語ってもらったのしゃ。

「村男。おもしぇえ話いいか。おっかねえ話いいか」

「ほんで、おっかねえの、いい」

「よし、ほんでぇ、おっかねえのだぞ」

って、声色変えて語り始まるから、おれ、ほんとうにおっかねくて、

「止めろー」

って叫ぶのしゃ。

すると、頭を掻きかき、

「悪かった。悪かった。ほんで、今度はおもしぇえ話すっからな」

って語って、

「むがぁす、むがぁすな、あったづもなぁ……」

「うん。そってぇ……」

って始まるのしゃ。

村男さんの家も貧しかったのに、そこを頼ってお金を借りに来る善助さんでした。けれども、善助さんは「民話」という手土産をもたらしてくれたのでした。「えんつこ」に押し込められてがんばっている幼い村男さんを、民話を語って楽しませてくれたのでした。それは、善助さん自身をも楽しませ、励ますかのように、一日中続いたと言います。

村男さんから聞く民話は、こうした中で受け継がれ、育まれた話群なのでした。語りを形成する背後の現実の深さと健気な強さに、いつもわたしは頭を垂れてしまうのです。

三　小学生の頃の村男さん

村男さんは学齢期が来ると猿飛来（さっぴらい）の鳥矢崎（とやさき）小学校に通うようになります。

四つ違いに生まれた妹を連れての「子守り生徒」でした。当時の机は二人用のものだったので、隣の生徒とのあいだに、妹を座らせて授業を受けたそうです。六年生になった時に、もう一人妹が生まれると、今度は、その妹をおんぶし、上の妹の手を引いて登校したと言います。

こうして、学校で「子守り生徒」を続けながら、外で働く両親を助けた村男さんですが、それだけにとどまりませんでした。お母さんは、身重な身体での労働が響いてか、二番目の妹は七カ月の早産だったということです。その後、産前産後の苦労の中で、すっかり身体を痛めて、とうとう床についてしまわれました。お父さんは「そんぞくどり」として毎日稼ぎに出ねばならないので、家にいてお母さんの看病をし、妹たちの面倒をみるのは村男さんの仕事でした。お母さんのために薬をもらいに医者へ走るのも、お母さんの母乳が出ないので妹に「飯糊（ままのり）（おもゆ）」をつくって飲ませるのも、みんな村男さんがやったと言います。その中で、こんな話も聞きました。

飯糊というのは、多めに水を入れて米を炊くのしゃ。煮立ってきたら、それを笊（ざる）ですくって取るのしゃ。米の栄養があるから、時には馬の飲み水にも入れて養ったもんだね。そいつ、赤ん坊にも飲ませるのしゃ。ちょっと砂糖入れてやってしゃ。

ある時、妹のために用意した飯糊があまりにうまそうだったので、堪えきれないでついつい上の妹と二人で飲んでしまったことがあった。おれも上の妹も腹空かせていたからしゃ。

赤ん坊の妹に飲ませるのがなくなってしゃ……だども、赤ん坊は口利けないから、なにも言わねえべさ、それいいことにして、おれと上の妹で飲んでしまったのしゃ。

誰も咎める人はいねえからそれっきりになったけんども、おれいまでも、「わるいことしたなぁ」

って、下の妹の顔を見ると思うんだよ。

二人の妹がそれぞれに手がかからなくなると、今度はお父さんが働いている農家へ行って、子守り、軽い農作業、田んぼの代掻き、牛馬の鼻どり、なんでもできることをして働いたそうです。そこで、ご飯もご馳走になって泊まることなどもあったそうですが、それでも学校の成績はいつも上位だったというから驚きます。

子どもながら、真面目で働き者の村男さんは、みんなにかわいがられて、そこで出会った人たちからも、さまざまな昔話や唄をよく教えてもらったと、うれしそうに目を細めて言われました。

村男さんはいい声の持ち主でした。艶のある、よくひびく声でたくさんの唄も聞かせてもらいました。なかでも仕事唄は、聞いていて涙がこぼれてしまうほど、生きる切実さと力強さとが溢れていて忘れられませんでした。これらは十二、三歳の頃、仕事をしながら仲間の百姓たちから聞いて覚えたものだと言われました。

春に田を打てば「田打（たぶ）ち唄」、田植えをすれば「田植え唄」、夏に田の草取りをすれば「草取り唄」、収穫の秋には「稲刈り唄」というふうに、つねに唄にあわせて仕事をしたと言います。なかでも村男さんのお得意は「杓子舞（しゃくしま）い唄」です。刈り取った稲を束にしてニオと呼ぶ高い組み木に掛けていくとき、少年の村男さんが、上に居て稲かけをする大人の百姓に稲束を上げて渡す、その時に、渡すリズムに合わせてうたったと言います。

一年をとおして、丹念に世話した田んぼの稲の収穫の時です。組み木に、その稲束を掛ける仕事は最後のうれしい作業だったと言います。

「あの時の様子、いまも目に浮かぶのしゃ」

村男さんは懐かしんで目をうるませておられました。

沢辺って家あるんだげんつも、おふくろの祖母(ばあ)さまの家なんだよ。そこさ、おれ、小学生の頃から働きにいって、ご飯をご馳走になって稼いだの。

祖母さまの従兄弟になる人で利貞(としさだ)さんって人がいだったの。唄のうまい人でねえ、その人と一緒に働いて、藁ニオ取りの手子(てご)をやったの。藁ニオつうのは一人ではできねぇ仕事で、下から藁ニオを渡す仕事を、おれが手伝うのしゃ。そいつを手子つうんだがね、おれが手子をやらせられたのっしゃ。

「おい。村男。杓子舞いを教えるからニオ取りを手伝えな」

そんなこと言われて、おれ、小さい子どもだげんとも手子になって、上にいる利貞さんどこへ、

「そうれっ。ほら」

掛け声して藁束を上げてやるの。

そのとき、調子をとるために唄に合わせてやるんだね。

今月今夜のことなれば

そうれっ

調子を取って藁束を利貞さんさ上げてやるのしゃ、そうすると、上で利貞さんが

御酒もたんといただいた

こらっ
うたいながら受け取るのしゃ。
十も十五も藁ニオを上げるんだから、やってるうちに唄をすっかり覚えるのしゃ。小さい時に覚えたから、いつでもうたい出せるね。身体さ染みついてるんだね。この稲上げが全部終わると、野祓い餅つうのを食わせてもらうの。まぁず、うまかったねえ、その味忘れられねえ。

四　しげ婆さまに教えられたこと

村男さんが小学生ながら、「手子」と称する小さな稼ぎをしたのは、藁ニオを上げる仕事だけではありませんでした。二人の妹を連れ「子守り生徒」をしながらも、暇があると他所の大きな家に手伝いに行っていたのでした。猿飛来で一番の大所と言われた家があって、そこのしげ婆さんにいろいろと教えられたことなども、いまは楽しそうに語ってくださいました。

猿飛来で一番大きな家があって、「そんぞくどり」も何人も使っていたのしゃ。そこさ、おれ、小学校さ行くうち、暇があるとお手伝いに通っていたのよ。
そこの奥さまの人、しげって名前で、気はしの回る利口な婆さまでね、おれどこ、うんと仕込んでくれたのしゃ。

五〇メートルほど離れたところに川が流れていて、カドって呼ぶ水場があるのしゃ。そこで、洗い物などできるように、川の岸に出っ張った形で石で固めた、ちょっとした平らなところがあるんだよ。そこさ、おれ、よく使いにだされたっけが、いつもしげ婆さま、言うのしゃ。

「これ、村男なぁ。カドさ行くときはなぁ、ただ行かねぇで雑巾持って行けよ。行ったらばその雑巾をきれいに洗ってこいよ。あと、川には三本の杭が打ってあるから、そこさ、流れてきた葉っぱとか、藁くずとか、引っかかってるべ。そいつ、ちゃんと取って、前の苗代さ投げろよ。肥料になるんだからな。それから、木の切れ端なんか引っかかっていたら、そいつは陸(おか)さ上げて乾かしておけよ」

おれは言われたように雑巾持って行って洗って、葉っぱくずだの藁切れなどあると、苗代さ投げて、木の切れ端は乾かしておくの。その木、一日分引っかかったのが、いい季節だと風呂の焚きつけぐれえにはなるのしゃ。山さ行かなくても、引っかかっていた木切れで焚きつけになるのしゃ。

「なるほど。こうしなくては金は貯まらねえぇんだな」

おれはそう思ったのしゃ。

それからまた、こんなことも教えられたな。

朝は早くから起こされて、大きな家だったから、その戸を全部開けるのしゃ。

「村男。起きて戸を開けろ」

っていって、全部の戸を開けさせておいて、

「これなあ、村男。どっから風吹く」

って聞くのしゃ。

「ああ、今日はこっちから風来るなぁ」

って答えると、

「んでは、こっちから掃けよ。風が来るほうから掃けよ。あと、四角い部屋を丸く掃くなよ」

四角い座敷を丸く掃くな、隅から隅まで四角く掃け、それから風上から掃いていくとゴミを残さねえですむ。

こんなことを小学生ながら、しげ婆さまに教えられたんだね。いまでも守っているよ、しげ婆さまの教えをしゃ。

いい話だなあと思って聞きました。村男さんの家はいつ伺っても、ぴかぴかで埃ひとつない、その謎が解けたように思いながら聞いた話です。

さらに、当時の暮らしの話は続きましたが、暮らしを襲ったどきどきするこんな話も聞きました。「もらい風呂」に通った当時のこんなエピソードです。忘れられません。

五　もらい風呂、そして電気がくる頃

おれの家は貧乏だったから、風呂もねえのしゃ。もらい風呂だったのしゃ。

風呂のある裕福な家さ、風呂をもらいにいくのに田んぼを越えて一〇〇メートルも二〇〇メートル

も歩いていかねげねえのしゃ。そして、そこの家の人たちがみんな入り終わるまで待ってて、風呂をもらうのしゃ。

そうすっと、たまにはぬるくて入らんねぇときもあるし、反対に熱くてたまらねえときもあるのしゃ。んでも、もらうのだから、

「なじょでがした」

って聞かれると、ぬるくても熱くても、

「とってもいいお湯でがした」

って、お礼をいって帰るのしゃ。

熱くて入らんねえときは、お湯さ入らねえで、足をちょっと濡らしたようにしておくわけしゃ。ぬるいときは、じっと我慢して、ぬるい湯に身体浸しておくのしゃ。

蛇口ひねって水が出てくるわけでねえのだから、井戸から汲んで運ぶのだから、文句はいえねえのしゃね。

「どうもありがとうがした」

ってお礼いって帰ってくのしゃ。

ある晩のことだったね。母親と上の妹と三人で風呂もらいさ行ったのしゃ。

下の妹は「えんつこ」さ入れて、家に置いていったのしゃ。

ところが、なんだかんだで随分長くかかって、帰るのが遅れたんだね。家の近くまで来たら、飼ってた猫が戸の口のほうから、

くうん　くうん

って泣きながらくるんだしゃ。

「なんだ、猫。しゃぶき（くしゃみ）して来たな」

そんなことをいってみたら、家の中さ入ってみたら、家の中が燃えてるのしゃ。

炬燵に掛けておいた布団が全部燃えてやぁ、赤ん坊の入った「えんつこ」のどこだけ残ってやぁ、

妹は涙いっぺえにして泣いていたんだよ。

なんとか、妹のほうさは燃えていかなかったんだね。あわてて水を掛けて火を消したが、ほんとうにもうおっかなかった、忘れられねえよ。

「ああ。助かった」

って、おふくろ、泣いて喜んで……。炬燵と布団ばり焼いて、赤ん坊は助かった。

そんなおっかねえことも忘れられねえのしゃ。

一〇〇メートルも二〇〇メートルも田んぼ道をあるいて、もらい風呂にいく親子三人。月は照っていたのだろうか。それとも真っ暗な冬の道だったのだろうか。少々、ぬるくても、ひどく熱くても、「どうもありがとうがした」と、頭を下げて帰る村男さんの一家でした。「えんつこ」に置き去りにされた下の妹は、燃えてくる火の中で泣いていたのです。

「涙いっぺえにして泣いていたんだよ」

そう語ったとき、つい昨日のことを思い出したかのように、村男さんの頬を流れた一筋の涙を、わたし

は見ました。

真っ暗な中で一人置かれた妹でしたが、そのうちに電気がくるようになります。

その時の、こんな話も聞きました。

猿飛来の草屋に移ってからも、しばらくは電気がなかったそうです。ランプを持っている家はいいほうでしたが、村男さんの家は相変わらず切り詰めた暮らしであったためにランプの恩恵を受けることはありませんでした。木に釘をさし、そこに灯心を裸のまま巻き付けて、それを燃やして灯りにしたのだと言います。それをデッチと呼んでいました。

デッチのわずかな灯りの中で夜を過ごしていたのですが、そのうちに、いよいよこのあたり一帯にも電気がくるということになり、この文明の利器をどうやって受け入れたらいいのかと、集落は大騒ぎでした。

こんなこともあったそうです。

そこに新山(にいやま)という山があって、新山神社というのがあって、お不動様の滝もあるの。その山を登るのに「峠守り」つう山守りの家があったのしゃ。

電気がくるつうんで、部落の人たちが集まって、一日中なんだかんだって話し合いやったそうなんだよ。

「電信柱、なじょにする？」

「どこさ建てる？」

「土地はなじょする？」

とにかく、大騒ぎして話し合ったが、その「峠守り」の旦那は、なんにも語らねえで、黙っていたんだと。

いろいろと決めて、会議も終わって解散する時になったっけ、

「おら家では、電気、結構でがす。要らねえ」

その峠守りの旦那どの、言ったのしゃ。

「なんだって要らねえのすか」

あたりの人たちが聞いたっけ、

「んだって、おら家、高ぇどこにあるんでがすと。電気は高ぇどこまで上がってこられねえべさ」

「どこにぃ、電気つうものはどこさでもくるものなんだ」

「んでも、高ぇどこは料金が高かんべや」

「お金は同じだべ、高ぇどこでも低いどこでもやぁ」

って語っても、まんだ首かしげていたったのしゃ。

六　米屋の番頭、そして戦争へ

外で働く父親を助けて、家の中のこと一切をこなし、病弱な母親に代わって幼い妹たちの面倒もみて過ごす日々でした。そして、その合間にも、近所の家で働かせてもらっては、少しのお金をもらって家計を

助けました。

こうした村男さんの働きが目に留まって、十八になった時に、栗駒村の米屋から声がかかって、村男さんはそこへ就職することになりました。その米屋は、米の他に肥料も扱う大きな店でした。

すぐに店主の信望を得た村男さんは、店の番頭になり、農業しか知らなかった世界から「物を売る」という商業の世界のおもしろさも知るようになりました。

当時六〇キロの米を二重俵に入れると、六七キロほどの重さになったそうですが、それを軽々と担ぐことができたと言われました。時には、貨車に米を積んで東京の秋葉原まで売りにいくこともあったそうです。一貨車に一五〇俵の米を積んでいって、東京で捌いてくる腕前は、村男さんだけのものでした。

「村男でなくては、わがんねぇ(役に立たない)」と言われ、店ではとても大切に扱われたと言います。どこへ行っても骨身惜しまず、裏表なく働く村男さんは、「模範青年」として表彰されたこともありました。

その頃、戦争への歩みを進めていた我が国では、軍隊の予備軍のように青年団の組織化があちこちでおこなわれていました。栗駒村でもそれは同じで、やがて青年団が生まれ、そこでは弁論が盛んにおこなわれていたと言います。

人の前で堂々と自分の考えを述べる弁論は、村男さんの心を掻き立てました。自分もなんとかして、みんなのように考えを述べてみたいものだと考え、米の配達をしながら、田んぼ道で声を張り上げて練習したそうです。

「あんまり熱中して、米を担いだまま溝にひっくり返って落ちたこともあったよ」

村男さんは当時を思い出して、からからと高い声で笑いました。

もともと仕事唄で鍛えた美声の持ち主でしたから、弁論大会の選手権大会が催されると、そこへ出場して地域で一等賞をもらって、仙台の公会堂で開かれた県大会にも出場したそうです。大勢の人を前にして、マイクも使わないで弁論の陣を張った村男さんでした。

「あの頃が華だったのしゃ。楽しかったね」

村男さんはしみじみと往時を思い出して語ってくださいました。

米屋で働きながら青年団で弁論のおもしろさに熱中した時代を、

「華だったのしゃ」

と述懐された村男さんですが、戦争の足音は容赦なく近づいていました。

昭和十二（一九三七）年、村男さんが米屋で働き始めた頃ですが、日中戦争が勃発します。そして、昭和十六（一九四一）年十二月八日には、日本は太平洋戦争に突入しました。

二十歳になって、義務付けられている兵隊検査を受けた村男さんは甲種合格でした。兵隊になるために鍛えた身体ではなかったけれど、幼い時から激しい労働を余儀なくされて頑張ってきたその肉体は、甲種合格のなかでも上の上で、「お国のために忠義な者だ」といって、試験官にひどく褒められたそうです。

入隊はすぐに決まり、昭和十五（一九四〇）年、二十一歳の時でした。

いよいよ兵隊に行くとき、米屋の家の人たちから、

「この家から兵隊に発ってくれ」

と言われてしゃ、実家からでなくて米屋から出征したんでがすと。

　とくに、米屋のおっぴさん（曾祖母）は、わたしどこを可愛がってくれてたから、わたしが兵隊に行くのを惜しんでね、

「こいつ、弾除けだから持っていけ」

って、オマンコウ（女性器）の毛を抜いてしゃ、紙に包んで持たせてくれたんだ。


　さっそく戦地へ向かいたいという村男さんの気持ちに反して、仙台の部隊に配属されて、初年兵の教育係を担当することになりました。「模範青年」としての表彰をうけたこと、弁論大会で一等賞をもらったこと、兵隊検査での成績などが評価されて、入隊早々で初年兵の教育係に抜擢されたのです。

　そして、昭和十七（一九四二）年、教育係として世話をみていた初年兵たちが、南方のソロモン諸島の中軸ガダルカナル島へ向かうことになりました。村男さんもともに野戦へ向かうことになりました。

　ところが、いよいよ出発の日が迫ったある日、人事係の准尉に呼ばれて、思いがけない命令を受けます。

「お前はガダルカナル島さは行かないで、東京の中野にある憲兵学校さ行け。休暇をやるから家さ帰って休んでこい。それから憲兵学校さ行って勉強しろ」

　村男さんはこの命令が不服でした。

　早く戦地へ出向いて、お国のために働きたかったのです。教育係としてともに訓練した初年兵と一緒にガダルカナル島へ行って戦いたかったのです。

「准尉殿。わたしが世話をした初年兵と一緒に、わたしもガダルカナル島へやってください。一緒に行きでぇがす」

と涙ながらに訴えたそうですが、

「おれの言うことを聞けないのかっ」

と一喝されて、仕方なく休暇をもらって栗原の家に帰ったのでした。

四日泊まって、隊に戻ったときには、兵舎は空っぽで、みんなガダルカナル島へ発ったあとでした。村男さんは中野の憲兵学校へ入学を余儀なくされたのでした。


当時、東京都中野区にあった憲兵学校は軍事警察学校で、軍人によって組織化されていましたが、先の戦争では、主として思想弾圧などをおこない、国民生活全体を監視する役割を担っていました。「憲兵」と聞くだけで、国民は震えあがった時代でした。

二十一歳で召集を受け軍隊に入った村男さんは、二十四歳でこの憲兵学校に入り、昭和二十（一九四五）年の敗戦の日まで憲兵として国内で任務に服することになったのでした。


そのあいだには尚子（たかこ）さんとの結婚という晴れがましい出来事もありました。

しかし、一緒に行くことになっていたガダルカナル島からの帰還の兵は、一人もありませんでした。

「それを思うと、自分一人が助かって、こうしてのうのうとしているのが、申し訳なくて涙がこぼれる」

村男さんは絞り出すような声で心のうちを語られました。

死んだ人もむごい。しかし、生きて残った人にとってもむごい――これが戦争の姿なのだと、わたしは聞きながらあらためて胸が締めつけられるのでした。

七　特高・憲兵時代の話

「特高」「憲兵」という戦争中の日本の、もっとも暗黒を象徴する時代の話を求めると、当然ながら村男さんの口は重かったのですが、その周辺にあった話をいくつか語ってもらいました。こうした話を通して聞くと、特高や憲兵の役割を押し付けられた兵隊たちの別の側面が見えてくるようにも思いました。避けて通れなかった時代のうねりの中で、憲兵学校へ入学させられた村男さんでしたが、その中でも出会った人たちを大切にして、その時々の自分を生きてこられた姿は「えんつこ」に入って、懸命に留守番役をしていた幼い姿にそのまま重なるように、わたしには感じられたのです。

村男さんの視点で語っていただいた、その時代のいくつかの話を書いておきます。

おさげ髪のお嫁さん

憲兵隊でのわだしの仕事は、さまざまな情報を集める特高（特別高等警察）の仕事だったのしゃ。憲兵とゆっても、いろいろとあんのしゃ。わだしは呑気なものだったと思うよ。いや、わだしが呑気者だったたのかしゃねえ。

床屋さ行ったり、人が集まるあっちゃこちゃさ出かけていって、なんかしゃべっている人のことなど「特高日誌」に書いて、毎日、上官に提出するのしゃ。とにかく、いろんな人に会うのが仕事だから、会った人にやさしくしねぇとなにもしゃべってくれねえべや。そんで、うんと、わだし、やさしくなったのしゃ。

ある時ね、ある女の人と会うことを命令されて、その人に連絡とって、鎌倉の大仏様に行ったのしゃ。なにも知らねぇから、その女の人、

「あらぁ、楳原さん、今日はわだしきれいでしょう」

なんて言って、厚化粧して来てるんだ。思えば、その女の人は、おれが特高だってことを知っていたのかもしゃねぇな。

とにかく、二人で歩いて、いろいろなことを聞いたり話したりするわけなのしゃ。

ところが、たまたま親父の友だちが大仏様のどこさ来てだのしゃ。

「ああ、しばらくでござりす」

なんて語っても、そばに厚化粧の女がいるから、その人、そそくさと行ってしまったのしゃ。

そして、おれの親父さ語ったんだね。

「お前の息子、女ご連れて鎌倉の大仏様さ、昼日中（ひるひなか）に行ってだじぇ」

したら、親父は親父で、心配してしゃ、

「息子が、女連れて遊んで歩ってる。こりゃ、大変だ。偉い人さなど知られたら、ただで済まねえべ。はやくお方（がた）（嫁）持たせなくてねぇ」

ってね。そして、おれの上官さ頼んで、いまの家内をもらったわけなのしゃ。

家内は三月の三十一日に実科女学校を卒業したばかりでしゃ、四月一日に結婚式だぉね。まだ十

七で、編んだお下げ髪を二つ垂らしていだけっども、まるっきり子どもでしゃ、

「いやだ。いやだ」

って泣いてわがんねぇのしゃ。

とにかく、家内は泣き泣き嫁にきたんだね。

「よくついてきたなぁ」

って言ったら、家内は横須賀生まれで、その頃、わだしは横須賀さ行くことになっていたから、

「わだし、生まれたどこさ行けると思って、ついて来たの」

って、わだしについて来たんでなくて、横須賀さ来たかったんだべやぁ。


村男さんがからからと笑うと、八十過ぎたいまも、奥さんの尚子さんは頬を染めて、村男さんの大きな背中を、何度も叩いておられた姿が忘れられません。

霊魂が飛んだ

家内を連れて横須賀へ移ってからのことだが、横須賀の軍港のあった町で、軍服の生地が売られているっつう噂が流れたのしゃ。軍服の生地など、一般には売られていねえし、あるはずねえの。

んでぇ、捜査したら質屋から流れてきているのがわかった。軍服をほぐして、そいつを加工して、別な形にして売っていたんだね。

質屋へ持ち込んだやつを突き止めたら、「おんぼ焼き」だった。「おんぼ焼き」つうのは、火葬場で死体を焼く人のことで、そいつが生地を流していたのしゃ。

その人は、死んだ兵隊が着ていた一装用の服を脱がせて、わからねえように加工して売っていたのしゃ。一装用つうのは、正式な軍服一式のことで、戦死した兵隊を葬るときに着せてやるものなんだよ。

そいつを、焼くのはもったいねえからって、脱がせて加工したわけしゃ。「おんぼ焼き」やってたやつが、そういうことをしていたのがわかって、すぐに捕まえて留置所さ入れられた。取り調べを受けて、明日は軍法会議さ送られるつう前の日、一人の憲兵が、

「お前。明日は軍法会議に送られて死刑だからな」

って語ったんだと。

よっぽどおっかなかったんだべな、その人、留置所の毛布を裂いて、留置所の柱さ掛けて、そして首吊って自殺したのしゃ。

おれは留置所の係だったから、そいつを自殺させた責任があるのだけんど、その日は留置所にいなかったんだよ。

どうしていなかったか、それもまた忘れられない事件だったよ。

横須賀に浦賀造船所という海軍の管理する造船所があってしゃ、そこへ朝鮮人が連れて来られていだ、大勢だ。ところが、よほどのことがあったんだべよ、朝鮮人がみんな逃げ出してしまって、大騒ぎしゃ。それを捕まえるために、おれもそっちへ行っていたんだ。逃げたってすぐに捕まるのに、それでも、朝鮮人は逃げるのしゃ。捕まると、おそろしいことが待っていて……。

おれは留置所の出来事を報告書に書くんだが、浦賀造船所さ行くときに、監視係にその清書を頼んでいったのしゃ。監視係のやつ、それをやっていてよく見張っていなかったんだな。そのすきに首吊って死んでしまったんだ。

そいつが自殺したことは誰も知らなかったつけが、近くに軍隊用の菓子工場があって、そこの女工さんが、

「憲兵隊が火事だ」

って騒いだのしゃ。

「どこだ。どこだ」

って行ってみても、どこにも火事はなくてしゃ。女工さんが言うには、

「留置所の小窓から火が出ていた」

つうわけだが、それが、自殺した「おんぼ焼き」のやつが死んだ頃だったのしゃ。

やっぱり魂というものがあって、死んだときに窓から飛んでいったんだべよ。それが火事のよう

に見えたらしいんだね。

そのあと、おかしいことばかりあったな。扉が押しても引いても開かなかったり、無理に開けっぺとすると、その手がなにかに押さえつけられたり、まず、おかしなことばかり続いたんだよ。

憲兵隊では、

「ほだな馬鹿な事あるはずがねえ」

って語るけんど、おれは胸がおさまらなくてよ、

「和尚さんさ頼んで供養のお勤めをしてもらうべ」

って拝んでもらったのしゃ。

それからは何事もなかったから、やっぱり霊魂つうものはあるんだね、そう思うよ。


「おんぼ焼き」というのは火葬場で死体を焼く仕事をする人です。この仕事に携わるのは、社会の下層にあった人たちが多く、とりわけ戦前においては、差別を受けた階級にあった人たちに専らな仕事であったとも記録にあります。

立派な軍服を死体とともに燃やすのを惜しむ気持ちから、それを脱がせて横流ししたという行為が刑罰の対象になり、処刑を恐れて自ら首を吊ったというこの話は忘れられませんでした。

窓から火が出ているように見えたという死者の魂は、こうして村男さんによって供養されたのです。

また、戦争の時代に朝鮮半島から強制的に日本へ連れてこられた人たちが何万人といたことはよく知られています。大東亜共栄圏の名のもとに、朝鮮半島から日本へ連れてこられた人たちは、まさに奴隷のように、日本国のために働かされたのでした。差別を受けて貧しい暮らしに追い込まれていました。

その人たちの暮らしの一端を語る次の話は忘れることができません。

うたうから雑炊食わせてくれ

朝鮮人といえば、こんなこともあったのしゃ。

農家の人たちがサツマイモつくっていて収穫したあとに、今度は麦を蒔いたのだ。

そうしたっけ届けがあった。

「おれたちの麦畑を荒らす者がいる。どうもそっちの造船所のやつらしい。調べて処分してくれ」

それで、調べに行ったところ、サツマイモを掘ったあとに麦を蒔いたわけだけんど、まだ残ってたサツマイモの根っこだの筋だのがあって、そいつを掘っていたやつがいたのしゃ。そのために、あとから蒔いた麦が散らかされてしまったんだよ。

おれはすぐに造船所の工員寮さ行ったっけ、そこの朝鮮人の仕業ということがわかったが、みんな青い顔して痩せてたのっしゃ。

「なんだ。お前たち、そだに腹減っていたのか」

おれ、なんだか可哀想になって、そいつらを処分することができなかったんだ。

「おれの家さ来い」

って、連れて来て家内に雑炊をつくらせてどんぶりで食わせてやったのしゃ。

したら、喜んで喜んでね、食うわ食うわ……。それから、いつも来るようになって、そのたびに雑炊を食わせたのしゃ。家内もあきれるほど食うのしゃ、みんな、がつがつと……。

そして、なにをするのかと思ったら、みんなで縁側叩いて朝鮮の唄をうたうの。

「なにもお礼ができないから唄をうたいます」

そう言って、縁側叩いてなんともいえない悲しい節の朝鮮の唄をうたってくれた。

忘れられないね……。


こう語って村男さんは、遠くを見る目をして、それからじっとその目を閉じてしまわれました。目を閉じたまま合掌されたのは、朝鮮人たちのその後の運命を暗示するかのように感じられて、わたしも知らず知らずのうちに手を合わせていました。

こういう時、語る人と聞く者は、ともに手を携えて、一瞬、この世ならぬ時空に誘われていくのです。

八　戦後の村男さん

軍隊に入ってすぐにも戦地へ赴きたいと願ったのに、初年兵の教育係として仙台の部隊にとどまり、教育した初年兵と一緒にガダルカナル島へ出発したいと申し出たのに、中野の憲兵学校へ回されたのでした。

このような運命の中で、村男さんは国内で敗戦の日を迎えます。

故郷の猿飛来に帰ったのでしたが、憲兵という戦中の軍歴から、定職を得るのがむずかしく、仕事ができなかったばかりでなく、戦死者も多く出していた近隣からは、白い目で見られることも少なくなかったと述懐されました。

しかし、そこには田や畑がありました。お父さんもお母さんも待っていてくださったのでした。横須賀を離れたくなかった妻の尚子さんも、村男さんについて猿飛来へ来られました。

ただ、その頃の村男さんは、魂を抜かれたように、毎日遊び暮らしていたのだと言います。いま、尚子さんは当時を振り返って、笑ってからかうことがあるのだそうです。

「あんた。あの頃、なにしていたべ」

そう言ってからかうと、村男さんは、

「なにもしていなかった。生きているのか、死んでいるのか、なにも残っていない感じ、その感じだけが残っていて、あとはなにも思い出せない」

と答えておられました。

「なにもしないで、いっそ遊んでばかりいたようだな。家内はよく我慢したもんだと思うよ。家内は慣れない百姓をやっているのに、おれはなにもしたことねぇんだおや」

村男さんは、しみじみと過ぎた時間を振り返ってそのように語られました。

敗戦でぽっかりと開いた心の穴を埋めたくて、家を外に「遊び歩いて」いたということかもしれません。そして、それは単なる「遊び」ではなくて、無事に帰郷した我が身を、どのように扱っていったらいいのかを模索する時間だったのかもしれません。故郷へ戻って、ここに生きている自分を、どのように生かしていったらいいのかを考える時間だったと言ってもいいでしょう。

敗戦直後に続いた放心状態から抜け出して、持ち前の真面目で思いやりの深い村男さんは、やがてあちらこちらから声を掛けられて、その後は猿飛来のために多くの仕事をされたということを聞きました。

たとえば、青年団、農協青年部、土地改良委員会、農業者転職相談、水田農業確立推進、森林組合、史跡保存、老人クラブなど、思い出して指折り数えてもらいましたが、十本の指で足りないほど多くの仕事を引き受けて骨身惜しまず働いたということでした。

お目にかかった時には、栗駒町史談会の会長として、土地に伝わる歴史、伝説、暮らしの話などの記録に興味を持つ人たちのまとめ役をしておられました。

九　出会い

初めて村男さんに会ったのは平成三（一九九一）年のことでした。

「唄の名人がいるよ。昔話は知っているかどうかわからないけれどね」

こんなことを教えてもらって、指さされた村男さんの家に行ったのでした。

不意にやってきた見知らぬ客に戸惑いながらも、にこにこと迎えてくださった村男さんは、その時すでに七十二歳でした。

二十一歳で軍隊に召集され、憲兵として戦時中を過ごして、二十六歳で敗戦を迎え、猿飛来へ帰ってこられ、それから四十六年がたったある日、村男さんのもとを訪ねたことになります。

村男さんのお得意は、なんといっても唄でした。うっとりするような艶のあるいいお声でうたってもらいましたが、生活のにじむ唄で、その唄も十番以上ある長い唄ばかりでした。題目だけをいくつかあげても、たとえば「田植え唄」「田の草取り唄」「土ん突き唄」「もん木突き唄」「稲刈り唄」「餅つき唄」「田打ち唄」「杓子舞い」「大黒舞い」「豆蔵の唄」などなど、いかに農作業が唄とともにおこなわれていたかがしのばれるのでした。

それだけではありませんでした。昔話もみな「唄」としても成り立っていたのです。

春は三月　花見どき
カチカチお山も　花盛り
猿と蟹との　二人づれ
お花見もどりの　道端で

猿は大きな　柿の種
蟹は大きな　握り飯

こんなふうにうたわれるのでした。

その唄に誘われて、おそるおそるたずねました。

「昔話は覚えておられませんか」

すると、破顔一笑して
「ああ、『えんつこ』さ入って、よく聞かせられたもんだ」

うれしい返事が返ってきました。

それから、「えんつこ」のぬくもりを思い出すかのようにして、じっと目をつむっておられましたが、やがて、

「むがぁす、むがぁす」

と、語りが始まりました。

それは、切られていた糸が、両方から近づいて、繋がりつながりしていくような、そんな気配でした。糸が切れないように、記憶の底から立ち上がるそれを、聞き手は息を呑んで、待ち受けたのでした。忘れられない時間でした。

そして、この日から、折にふれて村男さんの家に通いました。たいていは仲間と一緒でしたが、わたし

は時に一人で行きました。語り手と聞き手として、そのあいだに流れる濃密な時間の、一種の「ものすごさ」とでもいうようなものが、村男さんの語りにはあり、わたしはそれに焦がれるような気持ちを抱いたのでした。

いつ行っても、農作業の手を休めて、妻の尚子さんと一緒に、この得体の知れない来訪者をにこにこともてなしてくださったありがたさを忘れることはできません。

うたってもらった貴重な唄は二十五曲あまり、語ってもらった昔話は五十話を超えました。

この出会いから二十年、九十二歳で鬼籍に入られるまで、しばしば村男さんのもとを訪ねて、唄と語りを聞かせてもらいました。

何度聞いても心にしみてくる唄と語りでした。

そして、わたしたちとの出会いが契機になって、晩年には、求められればどこへでも出かけていって、その楽しい語りと唄を披露されるようになりました。地元の小学校や老人会で語ったり、また、語りを受け継ごうとする人たちの勉強会に足を運んだり、いつでも笑顔でどんな求めにも応えて出向いておられました。

七十も過ぎてから、おら、昔話や唄を生き甲斐にするとは思ったこともねがったな。「えんつこ」の中で五つ六つの子どものときに聞いた話だよ。唄だってや、誰かに習ったわけでもねぇのしゃ。んでも、覚えているのしゃ、身体がよ。ふしぎなもんだ。ありがてぇもんだ。そいつがおれの身体に染みついていたなんて、いやぁ、たまげた、たまげた。

あの世へいったら、昔話を教えてくれた善助さんやら、唄を教えてくれた先輩の百姓方さ、たっぷりとお礼言わなくてねぇな。

いまは、おれ、昔話を語るのが一番の楽しみだもんな。生き甲斐だもんなや。あんたがたに会って良かったごたぁ。ありがたいことだと思っているのしゃ。

戦時中は憲兵だった村男さんが、その病床で最後に洩らされた言葉です。

そして、病床で聞いたのもお得意の「杓子舞」でした。

この長い唄をメモも本も見ないで、はるか向こうをのぞむ目をして、ひょうひょうとうたってくださったのでした。その声は永久に続くかのように思われました。

杓子舞唄

ハァー　見ぃさいな　見ぃさいな
　　杓子舞を　見ぃさいな
ハァ　今月今夜の　ことなれば

コラッ　御酒（ごしゅ）も　たんといただいた
ハア　上座にござる　大人衆
ハア　下座にござる　小若勢（こわかぜ）
ハア　中にたちたる　女子衆（おなごしゅ）
　　　笑事（わらじ）　評（ひょ）さずに
　　　ざっくらやっと　舞いましょか
ハア　舞いましょか
ハア　杓子舞でも　舞いましょか

ハア　おらがうしろの　兵六郎（ひょうろくろう）
ハア　兵六郎の孫　ひ孫（こ）　やしゃご
ハア　やしゃごの　ずんずりご
ハア　ずんずりごの　才三郎
ハア　杓子彫りを　なぁさる
ハア　杓子彫りの　道具には
ハア　鑿（のみ）に鉋（かんな）に　反り鉋
ハア　ぜーごと　挽くは　鋸（のこぎり）
ハア　墨つぼ　墨さす　曲がりがね

ハア　七尋(ななしょ)もとづき　ひっからがいて
ハア　八尋(やっしょ)もとづき　ひっちょうた
ハア　ひっちょうた　ひっちょうた

ハア　一の坂も　ちょっこちょこ
ハア　二の坂も　ちょっこちょこ
ハア　三の坂の　坂ざかで
ハア　腰をずうっくと　休ぁすめた
ハア　休ぁすめた　休ぁすめた

ハア　向こう山を　見ぃたれば
ハア　一でイタヤ　二ぃヤナギ
　　　三でサイカチ　四(しい)クヌギ
　　　五で五葉(ごよ)のマツ　六つムクロジ
　　　七つナシの木　八つヤマガ
ハア　九つ金剛の木　十(とう)でトチの木
ハア　杓子木を　見ぃ立てた
ハア　見ぃ立てた　見ぃ立てた

ハア　峰に挿したる　水(みいず)ふさ
ハア　沢に挿したる　沢ふたぎ
ハア　南に挿したる　その枝で
ハア　杓子三本　彫ったるが
ハア　コノヤァ　杓子を　今日の市日(まちび)に　出しようか
ハア　明日の市日に　出しようかと
ハア　七尋もとづき　ひっからがいて
ハア　八尋もとづき　ひっちょうた
ハア　ひっちょうた　ひっちょうた
ハア　岩ケ崎町(やがさきまち)を　通(とお)たれば
ハア　たま屋の　黒犬コに
　　　ワン　ワン　ワンと吠えられた
ハア　吠えられた
ハア　吠えられた
ハア　犬の小鼻が　欠ぁけるか
ハア　杓子の小鼻が　欠ぁけるか
　　　やぁとぉ　やぁとぉ　戦(たたこ)ぅた
ハア　戦ぅた　戦ぅた

ハア　犬の小鼻は　つくりつけ
ハア　犬の小鼻が　ぶっ欠けねぇで
　　　杓子の小鼻が　ぶっ欠けた
ハア　ぶっ欠けた　ぶっ欠けた
　　　あとに残りし　二本の杓子を
ハア　一万両と　売りたるが
　　　コノヤ　お金は
ハア　どなたさまに　譲るべや
　　　コノヤ　お金は
　　　この方の　御旦那様（おだんなさま）に
　　　万　万　万と　納めようとぞ
ハア　杓子舞いの　切りどころ
ハア　サイサイナー　ミーサイナー

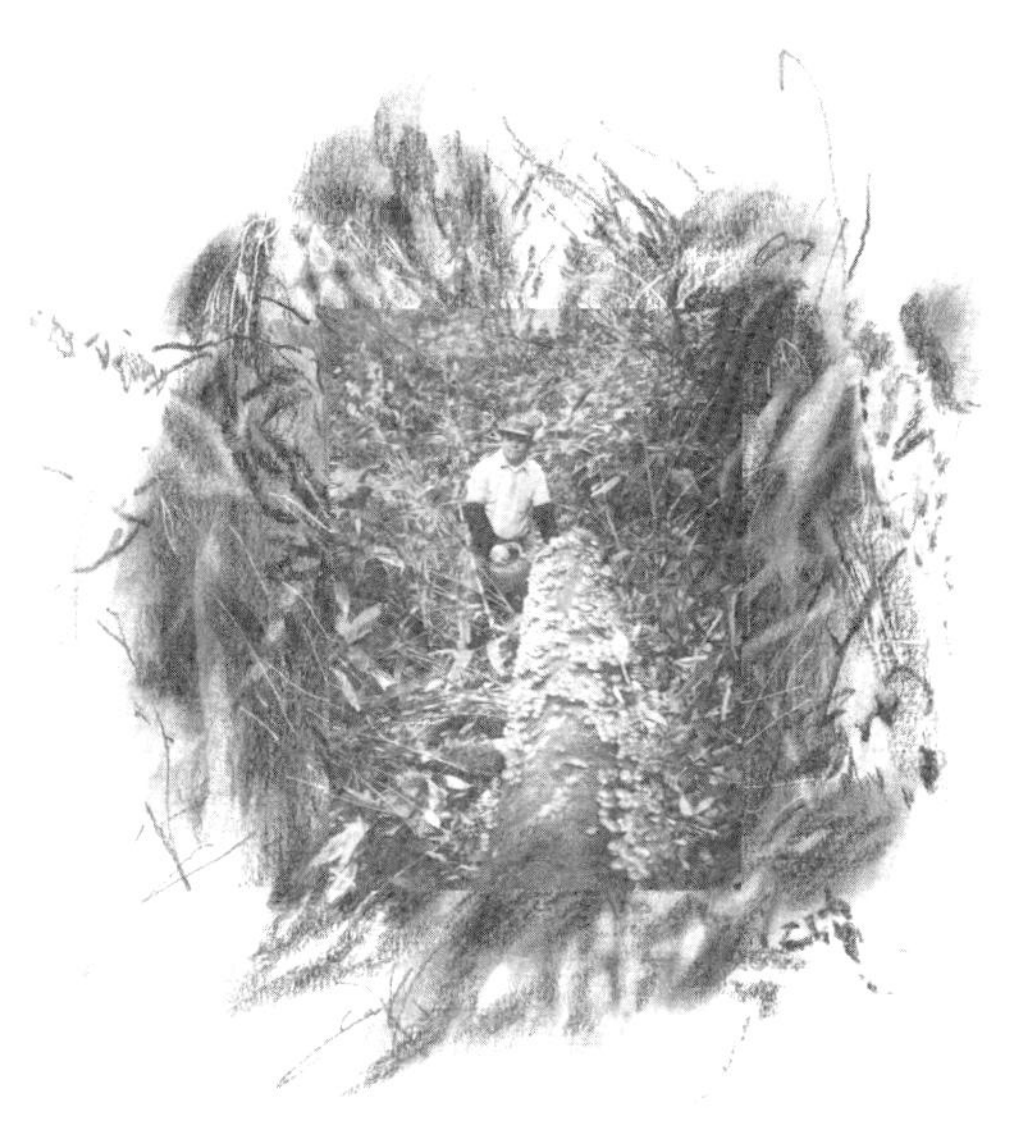

第四章

佐藤玲子さん

最愛の夫を失って甦った民話の語り

一　一本の電話から

ある日、わたしは一本の電話をもらいました。

「幼い頃、母によく昔話を聞かせてもらったから、一度、母を訪ねてください。昔話を知っていると思いますよ」

電話の向こうの声は若い男性でした。

その頃、わたしは歩いても歩いても民話を語ってくださる方に出会えない苦しい日が続いていました。それで、思い切って「タウン誌」に投書したのでした。その欄は「不要なベッドをゆずってください」とか、「子ども服差し上げます」とか「おいしいプリンのつくり方教えて」といった情報交換の欄でした。わたしは、「幼い頃に聞いた民話を覚えている方、ご連絡下さい。わたしに聞かせて下さい。お願いします」と投稿したのです。

そして、まさかが本当になって、うれしい電話がかかってきたのでした。

忘れもしない昭和五十九（一九八四）年春のことでした。

のちに姉妹のような深い付き合いをすることになる民話の語り手佐藤玲子さん（昭和六〔一九三一〕年生）との出会いは、こうして始まりました。電話をくださったのは、玲子さんの長男俊郎さんでした。

さっそく栗原郡一迫町（いちはさまちょう）（現在の栗原市）の家にうかがうと、初孫の優くんを、綿入れのどんぶくでおんぶして、背中をゆすりながら玲子さんはあらわれました。五十歳を過ぎたばかりの若いおばあちゃんの玲子さんでした。

「俊郎が、そんなこと電話したのすか」

と苦笑いしながら、

「まだ、語れねえちゃ。だめだ。だめだ」

首を横に振ります。

昔話はもっと歳をとらねぇと語れねんでねぇべか。
話が胸のうちで、まだ生々としていて、醸ってこねぇのっしゃ。
熟して、それから枯れてくるんでねぇべかな。

こんなことを言われたのです。わたしは驚きました。

記憶している民話をただ語って聞かせるのではなくて、語る人の内部で年月をかけて、醸され、それが枯れるときに、物語はもっとも光を放つのだということを、玲子さんは言われたのでした。そして、語りが持っている力とは、それを語る人の内なる世界観に、こうして深くかかわっているのだということを教えられたのでした。

それでも待ちきれないわたしは、何度もお邪魔しては話をせがむのでした。その様子を、いつもそばでにこにこして見ておられた夫の金徳さんは言われました。

「昔話だけを聞いて、『はい、さようなら』というのでは寂しいから、まず気心知って親しくなってくださいよ。そうするうちに、この人も語るから」

一刻も早くと、玲子さんをせかして聞きたがるわたしを諭すように言われたこの言葉もまた、わたしの胸に残っています。昔話だけをもぎとるようにして聞いて帰るのでは、本当に、民話を理解できない。語る人と聞く者とのあいだが深い信頼によって繋がれたとき、語り手は初めてその胸を開いて聞き手を迎えるのだということです。

民話を聞くということは、そういう息の長い仕事なのだということを教えられました。それはまた日々の暮らしの中での何でもない出来事に対する眼差しにかかわっているのだということも教えられました。金徳さんの言葉に甘え、見守られ、その後はなんということなく大きな顔をしてお邪魔しては、美味しいお昼ご飯をご馳走になり、どっさり野菜をいただき、あるときは金徳さんが丹精されたチューリップを抱えきれないほどもらって帰る——そんな至福の年月を重ねてきました。

「実家だと思っていつでも来なさいよ」

そんな金徳さんと玲子さんのやさしい言葉に甘えて、東京から来た友人を連れて泊まりにいったり、ドイツに住む娘夫婦が帰国した際に連れていったりもしました。

本当に実家の姉さんを訪ねるような気持ちになって、一泊へ向かうときはいつも心が弾むのでした。聞き手冥利ということがあるとすれば、わたしはまさに冥利に尽きた一人です。言葉の本来の意味において、有り難いことだと思わずにはいられませんでした。

二　玲子さんが語り始めるまで

玲子さんが本格的に民話を語り始めたのは、それからしばらくしてからでした。それは、金徳さんが亡くなられた年からでした。人一倍健康で、酒も煙草もたしなまない金徳さんの、六十歳を過ぎたばかりの急逝を誰が予想したでしょう。

「握っていたミカンをぽろっと落としたような……」

玲子さんは空っぽの掌（てのひら）を広げ、その寂寞を語りました。空っぽの掌をもって、残された者は握るべき何物かを自らの手で生み出して生きねばならない……そのようすがとして、玲子さんの民話が新たな甦りを見せ始めたのでした。話が「枯れる」ということは、こうして幾多の悲しみをくぐり抜けるということだったのでしょうか。

考えてみれば、わたしたちが享受している民話は、みなこうして語り継がれてきたのかもしれません。無数の悲しみをくぐり、切れば血の吹き上がる現実をその底に秘め、なお、まことにのどかに、あたたかく、愛情深く醸されて、わたしたちの前に置かれているのではないかと思いました。

金徳さん亡きあとも、わたしは、玲子さんのもとへしばしば足を運びました。そして、ぽつりぽつりと語り出された民話を聞くことになりました。

いま、ここに記そうとするのは、金徳さんが亡くなってから翌々年の平成八（一九九六）年十二月から翌平成九（一九九七）年十一月までの一年間のわたしの「採訪日記」です。

これは語り手佐藤玲子さんが空っぽの掌に「民話」を握りしめて、金徳さん亡きあとを生き抜こうとした足跡の一端ともいえます。同時に、農村社会をたくましくもうつくしく生き抜いた一人の女性の人生を映し出すことになればとも願いました。

初めての女孫の三恵（みつえ）ちゃんの成長の記録を記したのは、三恵ちゃんが金徳さんの命を受け継いで生まれてきてくれたように思われたからでした。

平成二十六（二〇一四）年、八十三歳で玲子さんは旅立っていかれました。

情感溢れる玲子さんの語りは多くの人に共感をあたえました。長い年月のうちに、求められれば北は北海道から、南は九州まで足を運んで、どこででもその語りを披露されるようになったのです。語りに支えられて、晩年の玲子さんは自身の手で生涯を豊かなものにして生き抜かれたのでした。天国の金徳さんが、きっと見守っていてくださったのだと思います。

語り手と聞き手が「民話」を仲立ちにして、こんなふうに心を通わせていった年月があったことを、わたしの採訪日記を紐解いて、次に記しておこうと思います。

採訪日記1　一九九六年十二月二十六日

新しい命が生まれる

栗原郡一迫町に住む佐藤玲子さんから、うれしそうな声で電話がかかってきた。

「六十年ぶりに女の子が授かったよ」

声がはずんでいる。

玲子さんは、俊郎、義朗と、息子ばかり二人。そして、孫も、優くん、皓くん、いずれも男の子だったところへ、末っ子の皓くんと八つ違いの妹が生まれたのだ。

「優がね、赤ちゃんの顔を見て、『おじいちゃんにそっくりだね』って言うんだよ」

電話の向こうで玲子さんの声がうるんでいる。

女の子の誕生を誰よりも喜ばれたであろう夫の金徳さんは、二年前の正月六日、六十二歳の若さで急逝された。

わたしは、急に玲子さんの顔が見たくなって、北へ向かって一時間半の道路を車で走った。冬の日は晴れていた。一迫に近づくにつれて、前方に見える栗駒山の稜線が光の粒子のなかでまぶしく光っている。雪をかぶって連なる嶺峰は新しい命の誕生を言祝(ことほ)いでいるかのように、ひときわくっきりと輝いていた。

玲子さんの家には、すでにお祝いに訪れたおばあさんが二人おられた。

「いいクリスマスのプレゼントだっちゃ」

若いほうのおばあさんが洒落たことを口にされ、みんなでたのしく笑った。

　このあたりでは、いまでも「産火(さんび)」を嫌うから、お産のあった家では「火」を使わねぇの。ほだから、今日は火を通したものは出されねぇの。「産火」は「死火(しにつび)」よりずっと嫌うの。

玲子さんはそう言って、お茶や煮しめなどを避けて、ミカンや干し柿など、火をとおしていないものだけで、祝いに訪れた客をもてなしている。

民俗学においての女性研究者の草分けでもある大藤ゆき氏は、その著書『児やらひ』（三国書房、昭和十九［一九四四］年）の中で、

「都会生活をして医者や産婆の手をかりて出産する人達のなかには産の忌などといふことはもう知らない方が多勢居られることと思ひます」

と書き出して、次のように述べておられる。

それならばどうして産が忌と考へられたのでせうか。出産といふことが場合によつては生命の危険を招く恐れもあり、少くも常と異なる状態であつた以上、これを特別な気持ちで取扱つたことは考へられます。

産の忌は血忌であることから、これを単にさけるだけでなく一種の恐怖の念を以て見ていたことは漁民や狩猟者が特にこれを問題にする点からうかがはれます。陸前鹽竈町では産火も死火も共に二十一日間の忌に服しますが、産火は死火より重いとして居り、大工とか木樵りとか高い所にあがるのを商買にしている人は殊に忌むと申します。

「死」と「生」を同じ重さで扱うどころか、「生誕」そのものをより切迫した「死去」に近いものとして忌む習俗の姿を垣間見る気持ちになる。

「クリスマスプレゼント」という現代の感覚と一緒に、「産火」を忌む習わしを守って、玲子さんはいまも生きている。まことに興味深いことに思われた。

採訪日記2　一九九七年一月十一日
腹一杯食って、目が覚めるまで眠りたい

退院した赤ちゃんに会う。おかあさんの恭子さんに抱かれて眠っている。名前は三恵ちゃん。天の恵み、地の恵み、人の恵み、この三つの恵みを受けて育つようにと願って、父親の俊郎さんがつけたという。いい名前だなあ。お兄ちゃんの優くんが、かわいくてかわいくてたまらないという様子で、三恵ちゃんのそばを離れない。

この日は、玲子さんをくりこま荘へ誘った。

みやぎ民話の会の新年会で、総勢十二人が一泊でくりこま荘へ行くことになっていた。玲子さんの馴染みの宿で、栗駒山の根元にあるつつましい温泉宿だ。

「だれぇ、くりこま荘なら、おら家の軒下でがすちゃ。そこまで来るのに、会わねぇってことはねっちゃや。寄ってよ」

と、うれしい返事があって、

「それじゃ、一緒にくりこま荘へ行きましょう」

ということになった。

どこを見ても深い雪、冬の空にはまん丸な月が冴えている。

玲子さんと二人で一部屋もらって、一緒に温泉につかって話しこむ。

玲子さんはこんなことを言う。

　こうして温泉にはいって、仕事もしねえで遊んでっと、脂（あぶら）とられるんでねえかって、心が苦しくなるの。

　暮らしがきついから、誰だって夢見るのしゃ。わたしは、嫁にきたばりのときは、「ああ、一度でいいから自然に目ぇ覚めるまで眠りたいもんだ」って思ったの。

　それが夢だったの。

玲子さんに限らず、当時の農村の嫁たちは、夜は十一時、十二時まで夜なべ仕事をし、朝は四時前に起きて家畜や家族の朝ご飯の支度に追われたという。

　一度嫁にいったら、そこしか居るところがねえんだから、みんな辛抱して頑張ったの。だから、その頃のお嫁さんは、わたしもそうだったけど、寝不足と腹一杯食えねえのとで、みんな痩せこけていだよ。

　だから、こうして、なにもしねえで温泉さつかってると、なんだか悪いことしてるようで、おっかなくなるんだよ。

　それで、思い出す話、あるの……。

玲子さんは、こんなことを言いながら、「脂とり」の話を語ってくれた。

何もしないで、ただ居て腹一杯うまいものを食いたいと願った男がいて、その願いがかなう屋敷に連れていかれた。うまいものを食って寝て暮らしていたが、そうするうちに、同じことを願った他の男が、逆さ吊りにされて脂をとられている有様を目の当たりにしてしまうのだ。男はこわくなって逃げ出すが……こんな筋だ。

一度でいいから、自然に目が覚めるまで寝ていたい。腹一杯食って、そして眠りたい。そんなことをせつなく願う一方で、「脂とり」の話を思い出して自らを戒める。

働き続けた嫁たちにとって、民話の世界は日常に生きてそこにあり、時には救いになり、時には励ましになってその暮らしを支えていたのだ。

この日、「脂とり」「ふしぎなカナヘビ」「朝ご飯がヒルになる」「昔話が好きな殿さま」などの民話を聞く。

脂とり

むがすむがす、ずうっとむがす。

ただ居て、うめえもの食って暮らしたいって、そんな夢持ってる若ぇ者(わけ)がいたんだと。

明けても暮れても、

「稼ぐの厭(やん)だ。遊んで暮らしたいもんだ」

って言ってね、なんとかしてその夢をかなえたいと思って、神様さ願掛けたっつも。

「一生、稼がねえで、ただ居て三度三度に山海の珍味食ってられるような身分にしてもらいたい」

って拝んだんだと。

そして、夜、寝てたれば、夢枕に神様が出てきて

「おまえの願いをかなえてやる。安心すろ。今夜、駕籠で迎えにくるから、そいつさ乗っていけ」

って、お告げあったんだと。

若ぇ者、喜んでいたれば、やっぱり立派な駕籠が迎えにきたんだと、黒塗りのね。

「神様に言われて迎えにきたから。うんといいどこさ連れていぐから」

迎えの人に言われて、喜んで駕籠さ乗ってしゃ、野越え山越え行った、行った。どこまでも行って、着いたところが立派な御殿みでぇなどころだったと。

そして、毎日毎日、めずらしい食ったこともねえようなものばり食わせられて、下男下女もついていて、なんでもしてくれっから、自分ではなにもすっことねえんだと。

下駄履くべと思えば、下駄が出てくる。褌汚したなと思えば、褌が出てくる。足袋履くべとすれば、すぐに履かせられる。

ほんとうに来る日もくる日も、ただ居て、うめえものばり食わせられていたんだと。

ある日のこと、さすがの若ぇ者も、ふしぎに思ったんだと。

「ここは、いってぇどこなんだべな」

それで、夜中に起き出して、自分の部屋にも便所あったんだけっども、遠くの便所さ行くふりし

て、ずっと廊下を行って、どこまでも行ってみたんだと。

そしたら、なんだか聞きなれねえ呻(うめ)き声するんだと。

耳を立てると、唸る声のようでもあるし、叫ぶ声のようでもあった。

「なにの声だべか」

「どっからこの声聞こえるんだべ」

ふしぎに思って、どこまでも長い廊下を行ってみたれば、灯りのついた大きな座敷があって、そこから聞こえてくんのだと。

そこっと曲がって見たれば(覗いて見たら)、男が二人いて鍋のようなものを掻き回しているんだと。なんか、ぽたぽたと上から落ちてくるから、ぬたばって(はいつくばって)上のほうを見たれば、天井から太った男が手と足を縛られてぶら下がっている。裸にされて天井の梁からぶら下げられて、吊るさっているんだと。


鍋の下ではどんどん火が燃えていて、太った男の身体から脂がぽたぽたと鍋の中さ落ちているのしゃ。

その下で、二人の男が話しているんだと。

「今度の男の脂とるのはいつ頃だべな」

「だいぶ、うめぇもの食って太ってきたから、もうすぐだべ」

これを聞いて若ぇ男は目ぇまわしてたまげた、たまげた。

〈これは大変だ。いまのうちに逃げたほうがええぞ〉

そう思ったけんど、どこもかしこも、ぎっちりと鍵が掛かっていて逃げ出されねえんだと。

そんで、自分の部屋さもどって、便所の上のほうについている小窓から出はるべとしたけんど、
身体が太ってしまったから、出はるもなにもできねえんだと。

仕方なくてしゃ、今度は小窓よりは大きい汲み出し口から「出はるべ」として、糞だらけになってもぐっていったんだと。そして、やっと汲みだし口から出はったと思ったら
「待ってろー。待ってろー」

男たちが追っかけてくるのしゃね。

逃げて逃げて、深い谷川にかかった一本橋のどこまで来て、その橋を「渡るべ」として、そろそろと途中まで来たっけぇ、つんのめって谷底さむくれて（逆さになって）落ちてしまったんだと。

「ああ、ここで、おれは死ぬんだな」

目ぇつむったら、そこで目が覚めたんだとしゃ。

「ああ、みんな夢だったのか。夢でよかったな」

若ぇ者は、それからは願掛けなどしねえで、いっしょうけんめに稼ぐようになって、やがて、いい嫁御をもらって、うんとしあわせに暮らしたんだとしゃ。

こんで　よんつこもんつこ　さけた

採訪日記3　一九九七年二月二十六日

桃の節句、雛人形に託す思い

玲子さんの庭では、半分雪に埋まりながら、パンジーがビロードのような花びらを開いている。庭を取り巻く木々にも早春の芽吹きが見える。

生まれたときは二、五〇〇グラムだった三恵ちゃんは、二カ月のうちに六、〇〇〇グラムに体重がふえていた。とてもかわいい。抱かせてもらって、「おんこう、おんこう」とあやすと、唇を花のように開いて、「アーアー」とこたえてくれる。

おかあさんの恭子さんが編んだという毛糸の袖無しには、サクラのはなびら模様がいっぱい編み込んであった。座敷にはお雛様。恭子さんの実家和歌山からはるばる届いたのだという。雛段の脇には、玲子さんが縫ったという晴れ着が掛けてある。あんまり小さくてかわいくて涙が出た。

「三月三日には咲くかなと思ってね、枝を伐って部屋に置いてたら、ほらね」

花瓶いっぱいに挿した桃の木は、開きかけた蕾でピンク色に霞んでいた。

「わたしが子どもの頃の雛は土人形だったのしゃ。火事で焼けてしまったけど。こんな立派な雛段なんかでねえの。仏壇の引き出しにしまってあったものねえ」

そういえばこれまで、わたしは東北の農村を歩いていて雛飾りを一度も目にしたことがなかったし、それについての話も聞いたことがなかった。あらためてそれに気が付く。

もともと、平安時代の宮中で生まれた立ち雛に端を発し、時代がくだって室町、江戸時代になって裕福な町人たちの嗜好によって今日のような形になったというから、それが東北の農村に定着しなかったとしても当然のことであったと思う。

しかし、人々は土をこね、木を削って、自分の手で人形をつくっていた。それを「仏壇の引き出しにしまってあった」という玲子さんの言葉が心にひびく。つくられた人形が子どもたちのすこやかな成長を祈る人代（ひとしろ）として、仏とともに置かれている暮らしを思うからである。

二人で、お雛様のお顔をつくづくと見る。

「しまうのが遅れると、嫁にいくのが遅れるっつうけど、早く飾るのはいいんだって」

玲子さんは、もう三恵ちゃんの「結婚」のことを考えているようでおかしくなって笑う。

昔話の中にはいろいろな結婚があるっちゃね。

そして、なしてだか人間でねえものとよく結婚するんだね。ばあちゃんだちなんか、相手の顔も見ねえで嫁にやられたっつうから、それが当り前で、動物と結婚するのと同じようなものだったかしゃねえ。それで、こういう話が多いのかしゃねえね。

玲子さんは女学校を卒業して間もなく、二十歳で川ひとつ隔てた佐藤家に嫁いだ。玲子さんの姉の節子さんは実家から十五里ほど離れた鬼首（おにこうべ）へ先に嫁がれたが、目の不自由だったお母さんは「娘を遠くへやってしまった」と嘆かれて、「玲子はすぐに声が聞こえる近くへ」と願われたそうだ。それですぐ近くの佐藤家へ嫁ぐことになったという。

花婿は二十一歳の金徳さん。旧制の中学校を卒業して農業につき、当時は育雛（雛を鶏に育てる）、のちに酪農を手がけるなど、指導的な立場に立って集落のために働かれた。新しい農村を夢見て農業に生涯をかけられた。

この日、「鯉の嫁ご」「蛇の聟」「蟹の恩返し」「熊と芋掘りの娘」「猿の嫁ご」など、人と動物の婚姻譚を語ってもらう。

鯉の嫁ご

むがすむがす、ずっとむがす。

あるどころに、息子とお母つぁんとあったんだと。

息子はとっても親孝行で、朝も晩も働きどおしに働いて、お母つぁん大事にしてたっけが、そのお母つぁん病気になってしまったんだと。

あるどき、川のそばを歩いてたれば、鯉がアップアップして、浮き上がってきたんだと。

「この鯉捕ってって、生き血をざんざん飲ませたら、お母つぁん、丈夫になんだべなあ」

って、そっと川さ入って、鯉をすくい上げたんだと。それはそれは大きな鯉だったんだと。

家さ持ってきて、お母つぁんさ見せて、

「こいつの生き血飲んだら、病気はたちまち良くなっからな」

って言ったれば、お母つぁんは、その鯉をじっと見て、

「この鯉食ったたって、おれは、丈夫になんねぇ。おら、食わせらんねぇだっていいから、逃がしてやれ」

って言ったんだとしゃ。

んだから、息子は捕ってきた鯉をかかえて、また川さ行って、

「こいな訳で、おまえは命拾いしたんだぞ。また捕まらねえように流れていけよ。泳いでいけよ」

って言いながら、放してやったんだと。

そして、鯉のことなど忘れた頃だったね、ある雨の降る夜、びしょぬれになった女(おなご)が訪ねてきて、

「わたしを、ここさ置いてけらぇん」

って、入(へ)ってきたんだと。

「病人はいるし、こいふに貧乏だし、そう言われても、わがんねえっちゃ」

息子はことわったけども、

「わたしがいれば、お母つぁんの病気、きっと治してみせるから」

って言って、なおも頼むから、息子もその気になって置くことにしたんだと。

して、二日たち三日たちしているうちに、なんだって嫁ごのつくるお汁(つけ)、うまいことうまいこと、とっても味良(い)くて、いままで食ったことのねえようなお汁だったんだと。おまけに、そのせいだか、お母つぁんの顔色も目に見えてよくなってくるっつんだね。

「なんだって、こんだけ違うんだべ。同じ味噌でつくるのになぁ。なじょしてつくるのかや」

って聞いたれば、嫁ごはうつむいて、

「わたしがお汁つくるどこは、絶対に見てわがりえんぞ」

って、何回も何回も約束させたんだと。

ほだけっとも、見るな見るなって言われると、見たいのが常なんだねえ。

ある日、嫁ごがお汁つくってるどこ、そこっと曲がって見たれば、嫁ご、煮立った鍋の蓋とって、自分の身体半分入れて、尻っぽ、バシャバシャしてるんだと。身を削ってダシとって、それでお汁をつくっていたんだとや。

息子はたまげてしまって、思わず声出してしまったんだとしゃ。

そしたっけ、その嫁ごは、

「見られたからには、わたしは、この家にいられない。実は、あのとき助けられた鯉だったんでがす。わたしは、まだまだ、あんたのそばさ居たかったけど……」

って。

「あのとき、助けた鯉が来てくれたんだな。こいふにして尽くしてくれたのか。どうぞ、ずっと居てけろ」

って、息子はたのんだけっども、嫁ごはそのまますっと出て行って、二度と姿を見せなかったんだとしゃ。

そんで　よんつこもんつこ　さけすた

採訪日記４　一九九七年三月二十九日
彼方（あなた）より来たりて幸（さいわい）をもたらす

三恵ちゃんはお母さんの恭子さんの背中で眠っている。

ようやく伸びてきた髪の毛がタンポポの綿毛のようにやわらかい。それをリボンのついたピンで留めてもらって、女の子らしくてかわいい。

「髪の毛、みんな天井を向いてるから……」

恭子さんは笑う。そういえば、恭子さんはいつも三恵ちゃんをおんぶしながら仕事をしている。赤ちゃんをおんぶした母親の姿を見かけなくなっているので、ひどくなつかしい。なにか新鮮なものを見るような気がする。だいぶ重くなった三恵ちゃんをおんぶしたまま、なんともさりげなくゆったりと、しかも細かくゆきとどいた手料理を整えて、訪れた人に振る舞ってくださる。

しかし、恭子さんは、いわゆる農家のお嫁さんではない。

栗駒中学校で理科を教える先生である。仙台で過ごした大学時代には農学部に籍を置き、卒業後も研究室に残ったけれど、その頃、恭子さんの研究室へ職場から派遣された俊郎さんと結ばれて、一迫町の住人になった人である。

地元で仕事をするために、結婚が決まってから教員採用試験に挑戦し、地元の中学校の先生になられた。三恵ちゃんが生まれた現在は、一年間の育児休暇をとって、たのしそうに育児や家事に明け暮れている。

恭子さんの実家は和歌山だと言う。飛行機が飛ぶ時代になったとは言え、やはり遠い。遠いのは距離だけではない。気候、風土、言葉、習慣、食べ物、人の心持ち、みんな違う。

古いしきたりを守る旧家である佐藤家にいて、恭子さんの手製の洋菓子においしい紅茶をいただいていると、「彼方から来たりて、その地に幸をもたらす『まらうど』」といった折口信夫の言葉が、思い出される。

川向こうから嫁いで、いつも実家の屋根を見て暮らした玲子さんは、「近ければ近いだけの苦労もあった」と言う。そして、いま、一つ屋根の下、はるか西の和歌山を故郷とする恭子さんと、仲よく寄り添って暮らすその姿に、わたしは心打たれる。

「勇気があった八人目の聟」「虻を助けて長者の聟に」「嫁にした女郎高野」「三人の聟は誰が一番」「髑髏(しゃれこうべ)になっても歌った女房」など、この日は、人と人の結びつきの妙を語る民話を聞かせてもらった。

採訪日記5　一九九七四月十八日

玲子さんが生まれた家を訪ねる

玲子さんが生まれ育った実家へ案内してもらう。

嫁ぎ先の佐藤家からは歩いて十分あまり、川の向こうに広がる田んぼの入り口に建っている。部落の肝入りもつとめた大きい農家で、いまも「鍛冶屋敷」という屋号で呼ばれ、長兄の仁さんが家を継いで農業を営んでおられる。

歩いてわずか十分あまりという近くにあるけれど、この十分はまことに遠い距離を持っていたことを、玲子さんの話で知る。

平野に広がる田んぼと、山側に広がる人家の屋並みを区切って迫川が流れていて、山側を「川内」と呼び、玲子さんが嫁いだ佐藤家はこの中心にあった。川内はかつてこの地に館を構えていた伊達一門の有力者白河上野に仕えた家臣の家々の居住区であったという。館主の子孫は現在もこの川内に住んで、「白河様」と呼ばれている。佐藤家は屋号を「御用家」という。世が世なら、さしづめ家老の家柄ということになる。

山深い農村に、こんなふうにいまも残る武家と百姓の共存する姿はとても興味深く思われるが、もしかしたら、こうした辺鄙な土地にこそ、かつての身分制度に近い面影がその形をとどめつつ根強く残っているのかも知れない。

道には、本小路、新小路、桜小路、大仙小路などの往時の名残をとどめる名前がつけてあり、後ろに広がる丘に築かれていたという館を守るべく道路は要塞を兼ねて曲輪（くるわ）造りに通してある。

その道を通っていくとすぐ迫川に出る。そして、川内橋を渡る。川の向こうはひろびろと拓けた平野で、水を張った田んぼが田植えを待って続いている。別世界のようだ。川のこちら側は百姓衆の領域になっているのだという。

この川を挟んで、わたしの生まれた家の屋根が向こうに見えるというのに、川のこっちと向こうでは、まるで世界が違ったのしゃ。川一本なのにうんと遠かったのしゃ。

玲子さんは川内橋のまん中に立ってこう洩らす。

田んぼ道に入ると、堰の水が音を立てて流れている。大切な用水である。堰にそって行くと大きなクルミの木があって、それが玲子さんの実家「鍛治屋敷」の目印になっている。

母屋は十一間に九間という広さで、奥座敷、仏間、中間、お上、机場（書斎）などの他、蚕部屋、機部屋などの作業場もあって、手間取りの男や女たちが常時、四、五人は働いていたそうだ。昭和三十年に母屋は火事で焼失したというが、大きな長屋門だけは昔のままに残っていた。

火事の後、新しい家を建てるのに「イグネ（居久根）の木だけで間に合った」と仁さんは言われた。イグネとは家を囲む屋敷林のことで、その木だけで間に合ったというのだから、屋敷そのものが大きかったことがしのばれる。


昭和二十六年の春、豊かな百姓家でのどかに育った玲子さんは、いまだ士族社会の気位と格式の高さを誇る佐藤家へ望まれて嫁いだのだった。二十歳だったという。

可憐な花嫁姿で「橋」を渡ったその様子が、絵のように浮かぶ。

「天福地福」「屁っこき爺」「すりつくぞー」「雪わらし」など、日本古来の、子のない老夫婦が登場する物語を語ってもらう。

採訪日記６　一九九七年五月十四日
初めて「お兄ちゃん」になる

「晧がね……」と、玲子さんは顔をほころばせて言う。

それはこうだ。春の遠足で松島の水族館へ行った晧くん。さっきから、イルカの曲芸にみんながはしゃいでいるのに、なぜかしょんぼりとうつむいている。どこか具合でも悪いのかと先生が心配してたずねると、晧くんは、

「三恵ちゃんにお土産を買えなかった」

そう言っていまにも泣き出しそうな顔をしていたそうだ。

学校できめられたお小遣いは千円。おばあちゃん、おとうさん、おかあさん、おにいちゃん、いつものように順番にお土産を買ううちに、「あっ、三恵の分」と思ったときにはもうお金はなくなっていた。

ずっと末っ子で暮らしてきた晧くんが、初めて「妹」を意識した瞬間だったのかもしれない。心を痛めている様子があまりにいじらしいので、先生が二百円を特別に貸してくださったそうだ。

「これ、ぼくが三恵に買ってやったんだ」

てのひらに乗るほどの赤いペンギンのぬいぐるみを誇らしげに見せてくれた。

この日、実家の仁お兄さんがどっさりの山蕗(やまぶき)を持ってこられた。この年齢になってもなにかと、妹の玲子さんを気遣っておられる様子が胸にあたたかく迫る。

玲子さんは男三人、女二人の五人きょうだいの真ん中。お兄さん、お姉さん、玲子さん、そして弟さんが二人。農家だった実家は代々女系が続き、玲子さんの父義傳さんも近くの村から聟にこられている。

昔話はこの父から聞いたという。父の母、つまり玲子さんの祖母にあたる人から伝承された昔話だった。

玲子さんもまた、この祖母にあたる人からも昔話を聞いたという。

よく父の実家に泊まりにいって、二つ泊まるとね、ばあちゃんが「むがす聞かせっから、明日は帰れな」と言いながら、語ってくれたの。

玲子さんはなつかしそうに往時を語る。

聟にきた義傳さんは、請われて村役場に勤められたが、大変な勉強家で、「村の生き字引」と言われていたそうだ。どんなに家が火の車でも、出かけたときの土産は本であったそうだ。

「世の中で一番おっかねえのが『馬鹿』だ。お化けもムジナもおっかなくねえが、『馬鹿』が一番おっかねえ」

こう口癖に言って、子どもたちや、手間取り稼ぎの雇い人たちに、毎晩のように生きていくための「智恵」を、昔話の語りに託して教えられたという。手間取りが怠けたり、失敗したりしても、決して声を荒げて叱ったりすることなく、おもしろい話にして、上手に心をおさめてこられたそうだ。

役場勤めのおとうさんに代わって家を取り仕切ったのは母八千代さんだった。二歳の時煩った麻疹がもとで、片方の目の視力を失い、さらに二十歳の時に緑内障で失明されたが、それでも、家計を預かって見事にこなして、万事に采配をふるう毎日だったと聞いて驚く。

この日は、兄弟譚、姉妹譚を聞く。「山の神と兄弟」「ぬかぶくとべんざら」「お月お星」「三人兄弟の旅」「オトキリ草」「ホトトギスの兄弟」など。

採訪日記7　一九九七年六月一日
水増しする迫川との激しい戦い

このところ雨が続いている。

三恵ちゃんもオンモ（表）へ出られなくて、恭子さんの背中でむずかっている。なんでも口へもっていこうとする。

「これが一番好きらしいんです」

恭子さんが黄色いタクアンを握らせると、小さい歯を見せてぴしゃぴしゃとしゃぶる様子がたくましい。

玲子さんは雨を見ながらしみじみと語る。


わたしの実家の西側を伊豆野堰が流れていたから、川にちなんだ昔話が多かったのね。話に出てくる川は、わたしの中ではみんな伊豆野堰だったの。川の昔話はうんと好きだったけど、川内さ来て、迫川の傍さ住むようになって、水はおっかねえものになったのね。

嫁にいった年は、雨降って雨降って、そのたびに迫川が氾濫するのっしゃ。

舅が部落長していて、雨が降ると男たちを集めるのしゃ。

「水、出るぞーっ」

って叫んで、集まってきた男たちを川さ連れていって、川内橋をはずしにかかるわけ。その頃の橋は、掛けても掛けても水増しになるとすぐに流されるから、取り外しがきくように造って、板を鎖で繋いだものだったのしゃ。

四枚の橋板を鎖で繋いで、それを何組も何組も繋げて橋にしていたのしゃ。その鎖に輪ッカがついていて、その輪ッカを岸の杭に掛けて縛るの。川に入って、はずした橋板と一緒に人間もざーっと一度流れていくの。流されながら橋板を岸さ寄せていって杭棒に結つけるのしゃ。それは命がけの仕事なのしゃ。雨さえ降れば、男たちは川内橋をはずさねけねえのしゃ。

女たちは、男が橋をはずしに行ったら、すぐに風呂を焚いて男を待つのしゃ。なにしろ、ずぶ濡れになって、男たちはぶるぶると震えながら帰ってくるのだから。

わたしはそれを知らねえで、舅にうんとごしゃがれ（叱られ）たのしゃ。

「こえな時は、川内の嫁は風呂を焚いて待ってなくてわかんねえんだ。それもわかんねえような嫁は、さっさと出て行け。出て行け」

って言われたのね。忘れられねえよ。

姑もわかってて教えてくれねえのしゃ。

「申しわけがえん。申しわけがえん」

わたし、何度も謝ったけど、その日は許されなかったのしゃ。忘れられねえ、いまも。

花山ダムができるまでは、雨降って水増しになると、川内の衆は、いっつも苦労したのしゃね。

幼い日、堰のそばでのどかに聞きなしていた川の昔話が、形相変えて迫ってきたあの日……いまはそれさえなつかしいと玲子さんはしみじみと語る。

この日、川に繋がる昔話を聞く。「橋かけ鬼六」「川流れ童子」「カッパの証文」「カッパ神様」「毒まきと坊さん」「横継ぎで人柱」など。

毒まきと坊さん

むがす、むがす、ずっとむがす。

ある村に、大きな池あって、魚いっぱい棲んでだったけっども、その池、あんまり大きくて、深くて、誰も魚とる人いねがったんだと。

ある日、村の若ぇ者が集まってしゃ、

「ここの魚をとって食いたいもんだ」

って言って、相談したんだと。

「なじょしてとるべ。あんまり大きいし、中さ入れねえし、網打ってもむずかしいなあ」

「ほんでえ、ひとつ、毒でも撒くか」

となったんだと。

若ぇ人だち、山から毒草採ってきて、そいつを団子にして、池さ投げ込むことにしたんだと。

そんで、一生懸命になって団子こしらえていたっけ、そこさ、見慣れない坊さんが来たんだと。

して、その坊さん、若ぇ人たちにむかって、

「毒を撒くって語ってたが、毒で池の魚を皆殺しにするのは止めたほうがいい」

って言ったんだと。若ぇ人だちは、

「なにもそんな硬ぇこと語っことねえから、だまって見てらぇん。魚とったら、坊さんにも食わせるから」

「この団子でも食って、見てらっせ」

って、どっさりあずけたんだと。

「いまに見ろ。この池いっぺぇになって、魚浮くから。そいつ見れば、あんただってたまげてしまうから。だまって見てらっせ」

坊さんは暗い顔して団子をもらって、しぶしぶとそいつを食って、いつのまにかどこかさいなくなったんだと。

若ぇ人だち、毒で死んで浮いてきた魚に夢中になって、坊さんがいなくなったの、わかんねかったんだと。

最後に、ぷくーっと大きな魚浮き上がってきたんだと。えれえもの上がったから、みんなしてそれを上げて、腹を裂いてみたれば、さっき坊さんに食わせた団子が、そのまんま出てきたんだと。

坊さんは、その池の主だったんだと。

それからは、二度と毒を使って魚をとることはしなくなっただと。

その池、いまもあるけど、魚いっぺぇになっているんだよ。

よんつこ　さけた

採訪日記8　一九九七年七月十一日
玲子さんが「民話」を語り始めた日

三恵ちゃんは八、五〇〇グラム。ほっぺたが重そうだ。太ももはまるまるだ。陽に焼けて元気いっぱい。小さな命が確実に育っていくのは、なんともいえない喜びだ。この夏は飛行機に乗って、初めて和歌山のおじいちゃんとおばあちゃんにお顔を見せにいく予定とか。

「三年前におとうさん（金徳さん）に逝かれたときは、もう生きる気力なくして、早くおとうさんのどこさ行きたいと、それればかり思っていたけっども、三恵を見てると、もう少し生きていたいと思うようになって、今度はまた『連れて行かねえでけろ』って拝んでるのね。おかしいちゃね」

三恵ちゃんは、おじいちゃんの生まれ変わりかもしれないね、と二人で言い言いする。

この日は、東京から玲子さんの二男の義朗さんが来ていた。義朗さんは雑誌の編集者で、カメラマンと一緒にこのあたりの取材に訪れたということだった。

金徳さんは、農作業の合間に若い仲間とバイクのツーリングをするのがなによりの楽しみだった。亡くなったあと、父の形見に秘蔵のオートバイCB－1四〇〇ccをもらいうけた義朗さんは、実家から東京までの遠距離をそのオートバイに乗って帰ったそうだ。ハンドルを握って夜道を疾走する義朗さんの胸中をしのんで涙が出た。

ところが、現在では「幻のバイク」と呼ばれるCB－1は、東京に持ち帰るや一瞬の隙に盗まれたという。必死の捜索の後、ようやく見つかったときは部品がもぎとられ、傷だらけの骨組を残すだけになっていたそうだ。義朗さんからこの話を聞いた俊郎さんは、こう言ったそうだ。

「何年かかっても部品を探して元通りにするから、バイクを送ってよこせ。これは親父の『夢』の結晶なんだから、かならず元通りにするよ」

この話を聞いて、今度は俊郎さんの胸のうちがしのばれて、涙がにじんだ。俊郎さんは、酪農に着手された金徳さんのたっての希望で獣医の道にすすまれたと聞く。

七月が来ると思い出すのね。一月におとうさんが死んで、握っていたミカンをぽろっと落としたようなたよりない気持になっていたとき、日本民話の会の民話学校に「出ろ」って、小野さんにぎりぎり連れていかれたんだよね。

行くまでは、気持ちが重くて重くて……。あんたのどこ怨んでいたっけが、語っているうちに生き返ったものね。民話に助けられたって、あのとき思ったものね。

金徳さんが亡くなった年の夏に、「みやぎ民話の会」との共催の形で、日本民話の会は栗駒山の麓の国民宿舎を会場にして「日本民話学校」を開催した。全国から多くの民話にかかわる人たちが集まることになった。

玲子さんを宮城県の語り手の一人として、そこへ半ば強引に引っ張り出したのはわたしだった。

本当に来てくれるかどうか心配だったが、恭子さんに付き添われて、どっさりのトウモロコシを土産に持って、玲子さんが不安そうな顔をして、おずおずと受付にあらわれた姿は、いまも目に焼き付いている。

うれしくて、わたしはおどりあがった。

「玲子さんが来たよ。玲子さんが来たよ」

と、大声をあげながら、我が物顔に玲子さんのトウモロコシをみせびらかして、みんなに配って歩いたのだった。

いま、「生き返ったものね」と言う玲子さんの言葉を聞いて、玲子さんを力づけた業師（わざし）、民話の力にあらためて脱帽する。

この日、愉快な昔話を聞く。「水瓶に隠れた色男」「塀からでるのはヘノコ」「だんだっ屁」「カミがねえよ」など。

採訪日記9　一九九七年八月十一日

四つの位牌、加わった五つ目の位牌

盆火を焚いて死者の訪れを待つ月。

「やっぱり主人を思い出して、胸が……」

玲子さんは目の縁を赤くする。きっと、いろいろな思いが、日々交錯するのだろう。あるときは「早く傍へ行きたい」と心細くなり、あるときは「もう少し生きてがんばろう」と奮い立つ。

三恵ちゃんは、今頃は和歌山のおじいちゃんとおばあちゃんの家にいるはずだ。初めての長旅だったけれど、どうしているかしらと思う。

玲子さんは盆飾りの用意を、そろそろ始めようとしていた。嫁いで四十年あまりのうちに見送った仏は四人。

嫁いだ時、すでに十五年間寝たきりだったという大舅がおられた。金徳さんの祖父にあたる人だ。大姑は寝たきりの夫を案じて、「一日でいいから、おじいさんのあとから死にたい」と口癖に言いながら、玲子さんが嫁ぐ三年前に亡くなっていた。それで大舅の看病は、金徳さんの母、玲子さんにとっての姑がしておられたが、玲子さんを嫁に迎えて気が緩んだのか、間もなく仙台の病院へ入院された。大舅の世話は、若い嫁の肩にかかった最初の仕事だった。

朝は、金徳さんの弟妹たちのお弁当つくりに始まって、三〇〇羽も飼っていた鶏の世話、田畑の仕事、家事、そして寝たきりの病人の世話、息つく暇もなく終日走り回っていたという。

苦労したのは藁布団つくりだったね。寝たきりの人の必需品だからしゃ。まず、藁を山ほどしごいてフクの（稲鞘）を取り、それを藁打棒でよく叩いて、土や泥をきれいに除くの。毎年、水害で水をかぶる稲藁だから、なおさら大変なのしゃ。

でも、この布団は本当に良くて、病人にとっても介護する者にとってもありがたい布団だったのね。いまはなじょして使わねんだべね。

玲子さんは藁布団が消えたことを惜しむ。そして、翌年、大舅は他界された。姑は健康を回復して家にもどられた。

金徳さんは、その頃、天候に左右される米つくりの不安定な暮らしを変えようとして酪農に着手された。一ヘクタールあまりの山を拓いて牧草の種を蒔き、乳牛六頭、育成牛二頭の世話が始まった。

「照っても降っても四時起き、朝草刈り、搾乳、餌やりなど、苦労も多かったけど、生まれた子どもたちも元気に育っていたし、未来に希望を持ってね、楽しい毎日だったのよ」

玲子さんは当時をなつかしむ。

家の裏手は小高い山になっていて、途中に屋敷神様の小さな祠もある。斜面の向こう側に木立があって、その下に音を立てて水が流れる小川がある。

「ここが、主人とわたしの憩いの場所だったの。ここで将来の夢を語ったね。暮らしの苦労は姑仕えにはじまって、まずいろいろとあったけど、ここで慰めてもらって、また元気出して下りていったのね」

それから十年後、舅が末期の肝臓癌で亡くなり、今度は姑がパーキンソン病でおぼつかなくなり、亡くなるまでの十年間、認知症の姑の世話に明け暮れる日々だったという。

五つ目の新しい位牌は金徳さんのものである。

この日、姑仕えの苦労を思い出しながら、「嫁」の話を聞く。「飯食ねえ嫁」「猫の浄瑠璃」「嫁ごと姑さま」「屁ったれ嫁さん」など。

飯食ねえ嫁

むがすむがす、ずっとむがす。

あるどころに、うんと欲たかりな母さまと息子いたったんだと。

息子、年頃になったから、嫁ご欲しいと思っているうちに、世話してくれる人があって、もらったんだと。

その嫁ご、稼ぐも稼ぐけっとも、ご飯もうんと食う嫁ごだったんだと。

欲たかりな母さまだから、寝てて考えたんだと。

「このくらい稼ぐ嫁ごだもの、食わねえで稼がせたらば、うんと身上あがるべな」

そして、先には二膳食べてたの、今度は一膳おわるとにらみつけて、だんだんあてがうのを減らして、ご飯がお粥になり、お粥が重湯になり、そんでも稼がせたぁ、稼がせたぁ、寝るまもなく稼がせたどしゃ。食ねぇで稼ぐのだもの、嫁ごはだんだん痩せて、こけて、干からびて、とうとう死んでしまったんだと。

お葬式の時、息子はやっぱり添った仲だから、

「埒もねえことして殺してしまったなあ。食わせねえで殺してしまったなあ」

って、お墓さ参って帰(けえ)っとこしたら、後ろさ、女が立っていたんだと。

して、その女、言うんだと。

「おれは食わねえで稼ぐから、おれどこお方(かた)にしてけえんか。お頼みす」

息子と母さまは喜んだあ、喜んだあ、

「食わねえで稼ぐんなら、このくらいいいことはねえ」

ってな。

さっそく嫁ごにしたらば、まず、稼ぐ、稼ぐ、稼ぐ。はっぱり食わねえで稼ぐから、たちまち土蔵建ったんだと。

ほだけっども、だんだんと息子のほうは、

「おかしいなあ。食わねえでこのくらい稼げるもんだべか」

って思うようになったんだと。

そんで、ある日のこと、息子は稼ぎに出かけるふりして、障子の穴から見ていたれば、嫁ごは、馬のものを煮る釜さ、叺(かます)で米を運んできて、どんどん火を焚いて、ご飯炊いたんだね。

そして、杉戸を外して、その上さ熱いご飯を焼き飯（握り飯）に握って、ずらりと並べたんだと。

そして、今度は、結ってた髪をざらんと解いて、髪を分けたら、髪の中に大きな口があって、その口の中へ、焼き飯を、

　おまんにち　べろべろ

おまんにち　べろべろ

って、あやこつき（お手玉つき）みでえに、投げて入れるんだと。

馬の水釜いっぱいに炊いた飯を、頭の中の大きな口の中へ入れたんだと。そして、あっというまにたいらげてしまったんだと。

そしてまた、しゃきっと髪を結って、なに食わぬ顔して澄ましていたんだと。

それ見たから、息子はもうおっかなくて、おっかなくて、思わず声出して叫んでしまったんだと。

ひえーっ

そしたら、その女、

「おれどこ、見たなーっ」

って言って、世にもおそろしい声出して振り向いたから、息子は腰抜かして、それっきり寝付いてしまったんだと。女は、

「見られたからには、もうこの家にいられねえ」

って、どっかさ消えていなくなってしまったんだと。

息子はそのまま寝付いてしまったし、嫁ごが行ってしまったとたんに、土蔵もなにも消えてなくなってしまったんだと。もとの貧乏暮らしになってしまったんだと。

ほだから、欲たかりして、食わないで稼げなんて言ってはわがんねんだと。

こんで　よんつこもんつこ　さけた

採訪日記10　一九九七年九月二十三日
いまも、せめぎ合う人と動物たち

三恵ちゃんがしゃくりあげて泣いている。

玲子さんが畑へ出ようとして、「はい、タッチ」と、三恵ちゃんを恭子さんに預けた。お座りしたまま手をついて、よいしょ、よいしょと移動するようになった三恵ちゃんは、恭子さんの手を離れてドアに近づいた。と、ドアが閉まって、バタンと三恵ちゃんの手を挟んでしまった。幸い何事もなかったけれど、よほど痛かったのだろう、思い出したように、まだしゃくり上げている。

「子育て中には、ドキッとするようなことがよく起きてしゃ」

玲子さんは思い出して語る。

牛を飼う前に養豚を手掛けていたその頃、長男の俊郎さんは五歳、次男の義朗さんは二歳。二人の子どもの世話を舅姑に頼んで、若夫婦は外仕事に明け暮れていたという。


その日も玲子さんは裏で豚の餌を切っていた。

そこへ、「義朗いない」と叫ぶ姑の声がした。走っていってみると、庭の池に義朗さんが俯せになってぷくぷくと浮いている。抱き上げてみると、顔は膨れあがり、唇は紫色で、泣き声も立てなかった。すぐに医者を呼びにいったけれど、田舎の医者はなかなか来ない。

「座敷に茣蓙（ござ）を敷いて寝かせておけ」

医者は言ったそうだが、そのあいだにも義朗さんはぐったりとして意識を失っていく。あいにく、夫の金徳さんは留守だった。

玲子さんは夢中で義朗さんを抱え込んで膝に俯せにさせ、その背中を赤むけになるほどさすり続けたという。そして一時間後、ようやく義朗さんの意識が戻って、奇跡的に息を吹き返したそうだ。

「うれしいよりもせつなくて……」

玲子さんはしみじみと当時を思い出して述懐する。

この日、俊郎さんから一枚の写真を見せられた。

茶褐色の胴体に黒い斑点が二列に走る大蛇が、いままさに蛙を呑もうとしている瞬間を写したものだ。蛙は下半身を蛇に呑まれながらも両手で地面をつかみ、黒々とした目を開いている。

「蛇に睨まれた蛙」という言葉があるけれど、大蛇が蛙に近づくと、蛙はもう動けなくなるのだという。玲子さんは蛙を憐れんで、なんとかして大蛇から離そうとしても、だめだという。

「追(ぼ)っても、棒で叩いても、蛙はじっとして動かないのよ。蛇を殺さない限り、蛙を助けられねえんだけど、蛇は家の護り神だっていうから、おいそれと殺せねえの。どうしょうもねえの」

蛙を襲った蛇に、思わず「娘をやるから蛙を放してやれ」といって、蛇に娘を嫁にやる約束をした民話があるが、一人娘を代償にして助けるという行為は、のっぴきならないものであったことがしのばれる。

玲子さんの家の裏庭には、軍鶏五羽を含む、あわせて十五羽の鶏が放し飼いにしてあるけど、たえず鼬(いたち)や狐や野良猫に襲われる。鶏の世話は優くんと皓くんの仕事になっている。

「このあいだはね、いっぺんに五羽もやられたんだよ」

餌をやりながら、優くんがやさしい目を悲しそうに伏せて教えてくれた。

人と動物とのせめぎ合いは、現在も玲子さんの周りでは日々起きている。

この日、「割山の狐」「狐の見込み違い」「犬と猫と鳩の恩返し」「鼠はちゅう」「山鳩の夫婦」「熊と芋掘りの娘」など動物たちの話を聞く。

採訪日記11　一九九七年十月三十日

山のあなたの空遠く「幸」住むと人のいふ

玲子さんの姉節子さんを訪ねて、わたしの運転で鬼首（おにこうべ）（大崎市鳴子温泉）へ一泊で行く。

玲子さんを車に乗せて「バイバイ」と手を振ると、三恵ちゃんも「バアバア」と小さい手を振って見送ってくれた。

鬼首――この地名は、その昔「まつろわぬ民」蝦夷の領袖大嶽丸（おおたけまる）が、坂上田村麻呂が率いる都からの軍勢に敗れ、刎ねられた首が空を飛んでそこに落ちてきたことから「鬼首」と呼ばれるようになったという伝承に由来する。

迫りくる山襞の根かたに、堂々とした気配で広がるムラは、遠い昔の反骨と威厳をみなぎらせて、訪れる者の心を威圧する。奥山にふさわしくないように見える、堅固に構えた家々は、見ようによっては、大きな哀しみを耐えるような気配でそこにある。いまでこそ玲子さんの住まう一迫から車で一時間のところだけれど、かつては人を容易には寄せ付けない山奥の、そのまた奥の集落だった。

かねてから、わたしは鬼首という土地に惹かれて何度も足を運んでいた。そのせいか、築後三百年は経過するというどっしりとした節子さんの嫁ぎ先の家も、初めて伺ったような気がしない。節子さんその人も、なぜかひどくなつかしく思われる。

嫁にいけと言われてしゃ、なんにもわかんなくて来たの。
はるかな山を見て、あの山を越してずっとむこうまで嫁ぐんだなあ、と思ったのしゃ。
ほれ、有名な詩があるっちゃ。

山のあなたの空遠く
「幸(さいはひ)」住むと人のいふ。
噫(ああ)、われひとゝ尋(と)めゆきて、
涙さしぐみ、かへりきぬ。

（カール・ブッセ作、上田敏訳）

あれ好きだったから、山の彼方(あなた)には幸があると思ってたけど、まず、大変だったのしゃ……。

節子さんはからからからと笑う。老いてなお深山に咲く花のような気配が漂い、とてもうつくしい。

節子さんの下が、実家を継いだ長男の仁さん。そして玲子さん、弟の勉さん、亨さん。五人きょうだいである。三年前に玲子さんと七つ違いの弟勉さんが五十六歳で亡くなられた。

父義傳さんに一番可愛がられたという勉さんは昔話も大好きで、義傳さんの昔話をよく聞いて、よく覚えていられたという。病室へ見舞いに行くと、死期の近い病床にあっても、

「どんな見舞いの品もいらねえ。かわりに昔話を聞かせろや。昔話を語っぺや」

そう言って、玲子さんを離さなかったという。

玲子さんが語ると、「そこが抜けてる」「ここは違う」と指摘して、「お蔭で、いろいろな昔話も思い出したのしゃ」と玲子さんは涙ぐむ。

「播磨（はりま）の国の明慶寺（めいけいじ）」という一話がある。

おそろしい化け物を退治するのに、どうしても播磨の国の明慶寺の和尚さんの知恵を借りなくてはならず、主人公は「播磨の国の明慶寺」を探しに行くのだが、玲子さんは「明慶寺」を「名刑事」だと思っていたそうだ。

「その時代に名刑事なんかいたんだべか」

玲子さんがふしぎがって聞くと、

「なに言ってるの、姉さん。名刑事でねえよ。明慶寺というお寺の名前でがすちゃ」

と、二人で大笑いしたそうだ。

以来、「播磨の国の明慶寺」を語るたびに勉さんを思い出して玲子さんは目の縁を赤くする。

この日、「播磨の国の明慶寺」「伝兵衛と山姥」「雪女」などを聞く。

採訪日記12　一九九七年十一月十八日
一時間も看病させてもらえなかったよ

もうすぐ年の暮れ十二月がすぐそこだ。

四年前の十二月の二十六日だった。金徳さんと玲子さんが仙台のわたしの家に来てくださった。突然のことだった。


あとで玲子さんに聞いたところによると、その日、仙台の親戚に歳暮を届けての帰り、

「小野さんの家、ここらへんでなかったかや。この近くだったら行ってみでえな」

金徳さんがそう言われたという。

年の暮れでもあるし、急に訪れて迷惑をかけてはいけないと、玲子さんはためらったけれど、金徳さんがいつになくしつこく言われたそうだ。

「じゃ、厚かましくちょっとだけ行ってみんべし」

玲子さんもその気になって、わたしの家を訪ねてくださったのだ。初めてのことだった。居あわせたわたしの夫も交えて、玲子さん夫妻とわたしたちが初めて顔を合わせて親しく時間を過ごした。いま思い出しても頬がゆるんでくるほど、それはこの上なく楽しい時間だったのだ。

別れ際に、金徳さんはドアを後ろ手で閉めながら、振り向いてこう言って頭を下げられた。

「今度、二人で泊まりにきてください。これからもよろしく頼みます。この人をお願いしすからね」

金徳さんが急逝されたのは、それからわずか十日あまりあと、一月六日のことだった。

あの日、金徳さんは別れの挨拶に来られたのだろうか。思い出すと胸が痛い。

亡くなる日の午後、玲子さんが出先から帰ると、金徳さんは孫の優くんと晧くんと三人で雪掻きをしておられたそうだ。楽しそうに三人並んで、ずーっと雪を押してきた。そこへ玲子さんが帰ってきた。

「雪掃き止めて、お茶っこ飲むべし」

玲子さんが声をかけると、

「おう」

返事して、一度は上がりかけたのに、ふと足を止めて、

「ストーブの木、あるか」

と聞かれた。

木はいっぱいあったから、そう言ったけれど、

「また取っさいぐのは嫌だから、持ってくる」

木を運んで、そして、上がりがまちで、つぶやかれた。

「具合、悪い」

持ってきた木をそこに置いて、その場で横になったという。尋常でないその様子に驚いた玲子さんはすぐに救急車を呼んだそうだ。

だが、間もなく金徳さんは起き上がられた。安堵の気持と同時に一抹の心配が残ったので、玲子さんは、

「せっかく救急車が来てくれたから、念のために病院で看てもらったら」

こう言って送り出したのが最後になったという。病院へ着くや否や息を引き取られた。

元日にはオートバイで若者と一緒に走り、三日には仙台の初売りに車を運転して出かけ、五日には裏山に密生する孟宗竹(もうそうちく)の枝を払う作業をし、そして、六日には、静かに永遠の旅に赴かれたのである。

「お姑さんは十年も看病したのに、夫は一日どころか一時間も看病させてもらえなかった」

玲子さんの嘆きは深かった。

そして、およそ二年後の十二月二十三日、金徳さんが待ち望まれた女の子の三恵ちゃんが、あたかも金徳さんの生まれかわりのように、家族に加わった。

＊

玲子さんの長男俊郎さんから電話をもらって、その家を訪れてから三十年、平成二十六(二〇一四)年、玲子さんが八十三歳であの世へと旅立たれるまで、語り手と聞き手は本当に肉親のように心を通わせて生きてきたのでした。

聞き手冥利という言葉があるならば、まさしくわたしは、その冥利に尽きた聞き手だったと言うことができます。合掌。

第五章

佐々木健さん

神子職を
奪われた祖母が
語った
民話の数々

一　甦った民話

昭和六十（一九八五）年の秋に、佐々木健さんに初めてお会いしました。その時には、佐々木健さんから民話を語っていただくことになろうとは夢にも思っていませんでしたが、そこには思いがけない展開が待っていたのでした。

県南部の宮城郡利府町は温暖な気候を活かして、梨などの果実をよく生産する農業地帯でしたが、その後、仙台市のベッドタウンとしてめざましく変貌し、新幹線の車両基地の建設、利府バイパスの全線開通など、都市化が急激に進んでいきました。

古い家と新しい家が混在するこうした土地で、民話を記憶していて、それを語る人を見つけるのはむずかしいことでしたが、こうした変動する土地で聞くことができる民話もあるに違いないという思いもありました。

土地に根付いた「民話」を語る古老を見出だすこともさりながら、こうした新興のベッドタウンで、他県や他地域からここへ引っ越してきて住み着いた人たちから聞くことができる「語り」もあるのかもしれない、それはどのような形で出てくるのだろうか、そんな雲を掴むようなことを考えて、その地へ向かったのでした。

こういう時に頼りにするのが公民館で、その窓口でもらう情報を手掛かりに、いい語り手に巡り合うこともありました。ところが、ここの窓口の職員さんは首を傾げて、当惑顔で言われました。

「この頃は民話も語らなくなったしね。地元の高齢の方は家の中に引っ込んでしまったものね。民話を語るような人はいないですよ」

「そうですか。ありがとうございました」

お礼を言って帰ろうとしたら、中にいた別の職員さんが、

「民話を語るかどうかわからないが、民話を好きだという人なら知っている。あの人なら、昔話を語る年寄りを知っているかもしれないよ」

こう言って、佐々木健さんの名前と住所を教えてくださったのです。

ふしぎな巡り合わせを感じますが、民話を語る「年寄り」を紹介してもらうために訪れたその人から、後にたくさんの民話を聞くことになったのです。

「民話を好きな人」と言われた佐々木健さんは、はじめ「聞き手」でした。紹介してもらった年寄りの方から、民話を思い出して語ってもらっていると、同席された健さんも傍らで一緒に耳を傾けておられました。

時々、深くうなずいたり、笑ったり、合いの手を入れたりされるその様子から、民話をたくさん聞いて育った方ではないかと、ふと思いました。

思い切って、それを申し上げ、

「記憶にある民話を聞かせてほしい」

お願いしてみたところ、首を横に振って、

「だめだ。だめだ」

にべもなく断わられたのでした。

わたしはここの生まれでもないし、隣の岩手から来ている人間なんですよ。昭和十二（一九三七）年生まれで、現在、四十八です。民話を語る年齢でないでしょう。それに郵便局に勤める公務員ですよ。そのわたしに「昔話を語れ」って言われるとね、ほんとうに困るんです。ここ（頭）の中さは入っているのね、ちゃんと。語っているお祖母さんの顔までも出てくるの。ところが、声は出てこないんだね。語れないなあ、とても。まだまだ。

困惑の表情を浮かべて、首を横に振っておられます。
あまり無理をお願いしてはいけないと思って、その時は、お礼を言って帰ってきたのでした。
しかし、これがきっかけになって、健さんの身体の中で、幼い日に語ってもらったたくさんの「民話たち」が、激しい勢いで甦り始めたのです。

昔話を語れと言われて、なにか一つ二つ思い出してみるかなあと思って、案じ出しながら寝ていたら、今度は興奮して眠れなくなったんだね。語ってみるから来てくれないか。

そんな電話が、仲間の一人にかかってきたのでした。
この時からでした。健さんと民話の格闘が始まったのです。本当に「格闘」としか表現できない情況が、健さんを襲っていたのでした。

頭のここらへん（こめかみ）に話が残ってるのす。思い出そうとすると、もやもやしてくる。耳で聞いて覚えているというよりは、眼が覚えているようなのす。

「葛の葉」の狐の話なんかにしても、ほんとうの山奥の葛の葉っこの繁ってる姿が眼さ映ってくるような、そんな形で思い出すのなす。

お会いするたびに、あちこちの紙切れに暗号のようなメモが書いてありました。

「ああこいつ、こいつ」

「これはなんだったっけか。自分で書いて忘れたよ」

そんなことを独り言しながら、思い出した民話を語ってくださるようになったのです。

一話を語りながら、急にもうひとつ違う話を思い出し、あわててメモしながら語り続ける――そんな場面にもしばしば出くわしました。わたしたちに語りかける言葉も、初めは共通語だったのですが、次第に生まれ在所の言葉になっていったのも心に残っています。

とんでもない時に（勤務中の郵便局の机の上などで）、話がもやもやと案じ出してきて困るんです。こうして、〇でも×もなんでも書いておかないと消えていくような気がして……。

そのあいだにも、思い出した話を忘れないうちにと、電話口で語ってくださることもありました。

健さんの中で、かつて聞いた民話がふつふつと発酵して甦ってくる姿を目の当たりにすることは、この上なく貴重に思われて、その経過を丹念に記録することにしました。

潜んでいた地下水が、きっかけをつかんで噴き出してくる心地よさと、そして苦渋と興奮とを、語り手と聞き手が一緒に味わった時間がそこにあったという思いがします。

よく記憶された民話がリズムにのって引き出されるのとは違う、それはふしぎな「格闘」から生まれた語りでした。

当時、昭和十二（一九三七）年生まれという健さんの若さを考えると、吹き出した地下水には、まだ充分に醸されていない生々しい観念の「あらわ」とも言うべきものが感じられもします。しかし、それさえも貴重なものに思われました。こういう瞬間に吹き出す地下水の姿そのままを記録しておきたいと考えたのでした。

案じ出した話を全部吐き出したい――これが語り手健さんの「格闘」を招く結果になり、その経過をつぶさに書き留めたい――これがわたしたち聞き手の「格闘」になりました。

つぎつぎに健さんを襲う「話」に音をあげて、

「まいった。まいった」

健さんはこぼされることもありました。

おれは、妙なところに踏み込んでしまってるって気がして……。話が、身体から出たがって落ち着かない。こんなことになろうとは思っていなかった。おれの人生の予定でないところに踏み込んでしまった。

「妙なところに踏み込んでいる」という思いは、わたしたちも同じでした。けれども、目に見えない大きな力に背中を押されるようにして、健さんのもとへ足を運びました。なにかに駆られるように民話を「案じ出す」健さんを支えていたのは、語ってくれた人への情愛と、自分の「根」にもう一度立ち戻ってものを考えようとする、健さんの現在にかかわる精神の悶えであったことが、わたしは忘れられません。

ほら、そこに居だった人、お祖母さんをはじめ、いろいろな人を思い出させてもらったから、それがうれしくてなす。忘れていたその時の情景と、こいつ話してくれた人と一緒になれるんだよね。そうすっと、居ないはずの人がね、まだ、わたしのどこかに残っているのがわかって、それがありがたいなと思うんだね。

語ってくれた人への思いの深さに支えられて、はるかな昔に聞いた民話の激しい甦りがあったのでした。それは、「妙なところ」へ健さんを踏み込ませつつ、語り手その人を大きく変えていったようにさえ見えました。

二　祖母さとさんのこと―神子職を受け継ぐ立場から―

健さんは、現在、宮城県の利府町に在住で、公務員として郵便局に勤務されていましたが、もともとは岩手県上閉伊郡宮守村下宮守（町村合併によって現在は遠野市）の生まれで、民話を聞いたのも宮守村で過ごした幼い日のことでした。

　わたしはね、昔話をせがんで聞いた覚えはないんです。もう聞かせられるもんだったから、寝つく前とかなんかに、せがまなくても話してもらったのであんす。

健さんに民話を語ってきかせられたのは祖母のさとさん（明治十五［一八八二］年生）でした。父方の祖母にあたり、ずっと宮守村で暮らしてきた方です。

昭和二十八（一九五三）年に死没されるまで、ほとんど宮守村から出ることなく生涯を送られたと言います。隣町の花巻市に行ったのが一番の遠出だったということです。

二人姉妹の姉娘で、代々女系である佐々木家の家督として成長され、迎えた聟の寅之助さんとのあいだに二人の娘と息子一人をもうけられました。この息子が、健さんの父定次郎さんということになります。

佐々木家にとっては、初めての男家督になられた方でした。

それについて、もう少し説明しますと、明治元（一八六八）年の神仏分離令の波紋を受けて、後に廃止に至るまで、佐々木家は神子職の家柄で、家を継ぐのは女性でした。

本来ならさとさんは七代目の神子を継ぐべき地位にありました。時代の流れの中で、それができなくなり、娘二人があったにもかかわらず、長男の定次郎さんが家を継ぐことになったと聞きました。

健さんの宮守村の実家には、現在もゆかりの品々が大切に保存されています。

小さな祭壇をしつらえた、窓のない「拝み部屋」に案内されると、青銅に亀と波を彫った丸い鏡、海のぬくもりをたたえた鼈甲（べっこう）の簪（かんざし）、にぶい光を放つ銀の錫杖（しゃくじょう）、祈祷の際の冠など、いずれも神子の具として凜然たる趣を持ってそこに置かれていました。

オシラサマは三体守られていました。一体には慶長八（一六〇三）年の銘が見え、年に一度、その家の女性の手によって「オシラサマ遊ばせ」がおこなわれます。その際に重ねられていく衣は、藍染めの手織りの麻や古代錦など、幾星霜（いくせいそう）の年代をその重ねた布衣に秘めて、静かに納めてありました。

時代の流れの中で神子職を継ぐことができなかった祖母のさとさんですが、二度、神がかった神子的な振る舞いをされたことを健さんは覚えていると言います。

一度は昭和十九（一九四四）年、佐々木家の御神木であった松の大木が、軍隊への「供出」のために伐り出された時。もう一度は昭和二十（一九四五）年六月に父定次郎さんが四度目の召集を受けて入営された時でした。

　戦争があったでしょう。おれもまだ小学生の時だったけど、「擬装船」つう鉄でなくて、鉄に見せかけて木で造る船のために、大きな木が供出させられたんですよ。おらのどこの斉の神様があったところに、このあたりでは見かけないくらいの大きな松の木があったんですよ。御神木として拝んでい

る木だったけれど、そいつ伐り倒してしまったのす。お祖母さんは、

「枝っこのどこさ大っきなスズメバチの巣だの、鳥っこの巣だのあるんだから、伐ってだめなんだ」

そう口説いたけれど、戦争中の「供出」といえば絶対命令だから、目の前で伐られてしまったのす。したっけ、大木の中に洞（ほら）が入っていて腐れかかってたのす。それで、役に立たないまま、そこに置いてあったのす。御神木だから焼くわけにもいかねえすべ。そこに置いたまんま腐って朽ちていくのをじっと見てたんですよ。

なんぼお祖母さんは無念だったかと思うんです。

戦争中、軍の命令で駆り出されたのは人間だけでなくて、御神木の大木まで「供出」を余儀なくされていたことに唖然とします。御神木を倒された無念の思いが、お祖母さんを神子に変身させて、身体を震わせて激しい祈りを捧げられたのでした。

健さんは続けて言われました。

もう一回はわたしの親父が兵隊に取られた時ですよ。わたしは小学二年生だすおんや。昭和二十年の六月に、親父に四度目の赤紙（召集令状）来たったのす。それを神棚さ上げておいたのす。そいつを、お祖母さん、焼いてしまったおなす。おれ、見てだったのす。みんなはうんと騒いで、赤紙を探したのす。そんなものをなくすのは「国賊」って言われる時代だったからなす。うんでも、お祖母さんは「知らぬ存ぜぬ」で、黙っているから、おれもしゃべらなかった。お祖母

さんを好きだったから。だから、親父は赤紙持たねえで弘前へ入隊に行ったのすよ。山吹の花っこ咲いてる頃だったなす。釜石が艦砲射撃を受けて、その音が家まで聞こえてきた頃だったなす。

お祖母さんは「反戦」とか、そったなことではねえんす。小っちゃな神様がやられてしまうことが、ただ厭（やん）だったのす。自分の代で祭主も辞めさせられ、御神木も伐られ、一人息子は赤紙で取られ――ゆき場のねえ思いしてだったのでねえすかや。

幼い健さんの脳裏には、身にふりかかった理不尽を受け止めなければならなかったお祖母さんの姿が焼き付いていると言われます。息子まで引っ張っていく赤紙を焼いて、激しく、狂わんばかりの祈祷を、その時に捧げられたのでした。

この祖母さとさんに「寝ながら負ぶわれながら」聞いたというおびただしい数の民話が、いまわたしたちの前に置かれていました。

三　祖母さとさんの語りを形成するもの

「おまえが女であったらなあ」

これは、さとさんの口癖だったそうです。

兄弟二人で育ったという健さんですが、代々の職であった神子の復元を、さとさんは、終生、願っておられたのかもしれません。そして、幼い健さんを毎晩抱いて眠り、どこへ行くにも連れて歩かれたということです。

お祖母さんは水際で手を洗ったり、大根を洗ったりしてだった時、かならず身だしなみしてだったのす。水鏡で水化粧してだったのす。それは、どうしたら水に映るかを会得していねば、映らねえんだおなす。いまのように自分を見る鏡がねえから、会得してる人でねえと身だしなみができねえんです。お祖母さんは身だしなみのいい人だったのす。

それから、庭など歩いてる時、

「おめえみたいなぼっこ（子ども）、葉っぱの下にいるんだぞ」

そういうことを言ったのす。

身を整えるために、光に反射する水面の角度を「会得」しなければならないと語り、「映る」という水鏡の神秘は、それを「会得」した者にだけ許されて、我が分身の世界を展開してみせるということなのでしょうか。

さとさんについて、こんな思い出話をしながら、健さんは、ふと言葉をきって、

「そうそう。また、出てきたな」

と、「映る」ことに連鎖して「三人兄弟の山梨採り」の一話を思い出したと告げられました。病気の母親のために「山梨」を採りにいく三兄弟の話ですが、兄二人は山鬼に食い殺されてしまいます。そして、最後に出かけることになる末の弟について語るくだりを、こんなふうに言われたのでした。

……三番目の野郎っこも山鬼に追いかけられて、川のそばにある藤の木さ登って隠れたずおん。したら、山鬼は、

「ここらへんにいたはずだ」

って探したのす。そして、ふっと下を見たら、野郎っこが川の水面に映っていたんだどす。山鬼は、水に映った野郎っこをめがけて川さ飛び込んだところを、三番目の野郎っこが山刀で斬ったら、その腹から、食われていた兄さんだちが出てきて助かったんだどすや。

「映る」ふしぎを、お祖母さんが水鏡を使って身だしなみされた姿から思い出して、そこから「三人兄弟の山梨採り」の一話が連想的にあらわれてくるのでした。

「映る」原理を知る者と知らない者の区別があって、三番目の弟は、偶然ではなくて、「会得」した知恵としてそれを活用し、「映る」ことに無知だった山鬼に勝ったのだと、健さんは語ってくださいました。

水鏡できちんと身だしなみしながら、お祖母さんはいつも被り物で髪を隠しておられたという話も聞きました。

人前さ出る時は頭になにか載せて髪を隠しておかねばならなかったのす。お祖母さんは神職だったからでもあるんですが、神主さんはいまでも烏帽子をとらねえでしょう。かぶったまま拝むのす。普通の人でも葬式の時は、布をかぶって拝んでるすべ。

お祖母さんは、人前では絶対に手拭いをはずさねがったのす。載せるだけだけど、動いても取れねえんですよ。

人の前で決して被り物を取らなかったという祖母さとさんの姿を思い出しながら、健さんは「葛の葉」の一話を思い出されるのでした。

人間の世界に憧れた狐の娘が、人間に化身して人間の男と結ばれます。そして、赤ん坊も生まれます。男の子です。

ある日、夫の留守に赤ん坊に乳をやりながら、つい被っていた手拭いをはずします。

すると、そこには本体である狐の影が黒々と障子に映し出されてしまいます。そのために、男とも赤ん坊とも別れて、和歌を一首残して信太（しのだ）の森へと姿を消すことになる……。

これは、よく知られている「葛の葉の子別れ」で、陰陽師安倍晴明の誕生の由来としても語られるあの話です。

ただ、健さんの語りは、ふしぎな色合いをもって迫ってきます。聞く者は、背後にさとさんの存在を感ずるからかもしれません。

かぶっていた手拭いは、もしかすると日常と非日常のあいだに架かる橋のような存在だったのかもしれない、と暗示的です。また、それが、障子に映る「影」になったとき、初めて本体をあらわにする——古代の人々の美意識が「影」こそ「本体」ととらえていたことと重なって、わたしは深い感慨に襲われて、そのくだりを聞きながら、思わず涙がにじむのでした。

健さんが中学生になった時、さとさんは七十一歳で永眠されました。旅立つ直前に、ふと目を開いて、「健の下駄の鼻緒っこ切れてだ。なじょしたか」

こう呟かれたそれが、最後の言葉だったということです。

四　健さんが生まれ育った宮守村のこと

柳田國男著『遠野物語』（底本『遠野物語・山の人生』岩波文庫、一九七六年、初出一九一〇年）の冒頭には次のような記述があります。

> 遠野郷は今の陸中上閉伊郡の西の半分、山々にて取り囲まれたる平地なり。新町村にては、遠野、土淵、附馬牛、松崎、青笹、上郷、小友、綾織、鱒沢、宮守、達曾部の一町十ヶ村に分かつ。

遠野市を中心とする遠野盆地と、さらにそれを囲む山岳部の村々によって成る遠野郷にあって、宮守村は山岳部の西の端に位置しています。現在は町村合併によって、これらの村々の多くは「遠野市」になりましたが、宮守村はかつての遠野市を軸にして見ると、花巻方面へ向かう街道に沿う小さい村で、北上山系の北方にある早池峰山（はやちねさん）の裾野に横たわる村です。

また、早池峰の水を集める猿ヶ石川（さるがいしがわ）は、宮守村を流れて内部の平野に注ぎ、やがて北上川へと合流しています。

そして、「宮守」というその名前にも象徴的にあらわれているように、信仰の気配が濃厚な村の様子が、『村史』には次のように述べてあります。

> 早池峰は北上山系の表徴であり、宮守村はその入口である。それは北上沃地への出口でもある。猿ヶ石川はその出口を洗い浄めて永遠である。人々は山の生活と里の生活を調和するために、天台の本覚を信じ、十一面観音を七カ所に配し、深い精神に支えられて、政治の混乱に耐えてきた。
>
> 安部氏・藤原氏の没落にも、阿曽沼氏の不明にも、明治の南部氏の混迷にも、営々として迷わず、絶やさなかったのは先祖の祀りの灯であった。どんな急転の家でも自分の先祖を見失うことなく、家の歴史を語り伝えて来た。

さらに、時代の流れの中で信仰の姿が大きな変化を余儀なくされ、生活の本拠から発生した信仰は心の奥に大切にしまいこまれたかのように見えますが、何をおいても「当村の心の拠り所は早池峰山である」と述べてありました。

自然信仰に関連する健さんの、含蓄のあるこんな言葉も忘れられません。

わたしの家ではお月さんを拝むのなす。お皿の上に団子を九つ、ぐるっと並べるのです。そして、扇を持って拝んだのす。

なんて言って拝んだのかっていうと、

「とうだい。とうだい」

って拝んだのす。そして、供えた団子は、男しか食われねがったのす。わたしが小さい時まで、それやってだったのす。

わたしの家から離れたところにある集落には七軒の家があって、それ以上は増やさねがったのす。そういう部落だったのす。わたしの家の部落もそれくらい、七、八軒しかねえのす。だから「分家」っていうものはねえのす。代わりに「あいかまど」っていうのす。一般にいう「本家」「分家」の関係とは違って、お互いが「かまど」になるわけなす。

農作業などは共同でやるわけです。そういう時とか仏事の時とかには、誰かが中心に立てねげねえでしょう。中心に立てる家を「相互本家（たげほんけ）」とか「結（ゆ）い本家」とかいって立てるのす。順番だったのす。

主として女性が家の中でひっそりと祀るオシラサマ信仰を持っていたのに対して、男性は早池峰山に代表される山岳信仰や、「月を拝む」自然信仰を持っていたことを物語っているのを感じます。

これは生活の本拠がマタギなどの「山」にあったこととの名残とも思われます。

そして、農作を主とする「里」にあっては、戸数の制限をしながら、無数への拡大ではなくて、つねに同住する者たちとの相互関係において、共存可能な数で部落を形成しようとする意図が推察できるのではないでしょうか。

宮守村は、こうした山奥の共同体の必然から生まれた小集落によって形成された「村」として、太古の面影をとどめつつ生きてきたのだということを知りました。

五　健さんの成長、そして「民話」

健さんは昭和十二（一九三七）年五月二十八日に宮守村で誕生されました。

父は定次郎二十八歳、母もよ二十一歳の時の子どもです。

健さんの上に姉サナさん、兄廣（ゆたか）さんがおられ、下に弟の荘（さかり）さん、弘さんと続く五人兄弟でした。真ん中が健さんです。しかし、幼くして姉と弟二人は亡くなられて、健さんは兄廣さんと二人兄弟で大きくなられました。

代々、村の神子職を務める家柄であったことは前にも述べました。明治元年に公布された神仏分離令によって神子職は廃止され、七代続いた佐々木家の神職は途絶えることになります。そして、以後は農業を生業とされるようになりました。

昭和十九（一九四四）年、第二次大戦の末期に、健さんは宮守村立宮守国民学校（小学校）に入学しました。そして、戦争に敗れて混乱の時期を過ごす日本が、新しく義務教育として生み出した新制中学校（宮守村立宮守中学校）にすすみます。昭和二十八（一九五三）年のことです。

そして、義務教育の九年間を過ごすと、生家を離れて岩手県立盛岡第一高等学校に入学し、その後、さらに故郷遠く上京して、法政大学社会学部に入学されました。

長く民話の採訪をして、わたしは多くの語り手から民話を聞いてきましたが、「大学出」の高学歴の語り手は、実は健さんただ一人なのです。まして、昭和十二年生まれです。この時代に大学教育を受けることができた人の数は多くはありませんでした。

そのせいか、高等教育を受けた人は、民話を記憶していても、それを人前で披露するものではないという恥じらいの態度を示されることがままあり、その人たちから民話を聞くことは稀でした。健さんとても、はじめは同じでした。

しかし、わたしたちがしつこく求めたということも一因ですが、それだけでなくて、自分が育った民話の土壌について、新たな眼差しを向けようとする姿勢を、自ら獲得していかれたのでした。さとさんから聞いた言葉の数々を、これからの生き方や思考の基礎にふたたび置いてみようと模索する「悶え」のようなものさえ伝わってきました。

その流れの一端を記してみます。

おれが民話を記憶するもとになったことがあるんです。
お祖母さんのあとをついて歩きながら、あるとき、
「おれ、どこで生まれた？」
そう聞いたったずんおや。したら、お祖母さんが言うのす。

「おめぇは、裏の山のほうの相(あい)の山の境にある二股の松の木の間(ま)っかさ置かれてだったんだ。うだから、おめぇは木の股から出てきた子どもなんだ」

おれ、ずっとそれを信じてだったおんや。ところが、しばらくして、不動岩つうどこさ行って、水が流れていくのを見ながら、お祖母さんが言うのすや。

「ほれ、あそこに堰(せぎ)っこあるべ。あそこさ樽に入ってオギャーオギャーって元気に泣いてる子どもいたから、連れてかえって育(おが)してるのが、おめぇなんだ」

どっちにしても、「ああ、そいふにして生まれてきたんだな」って、本気でそう思ってだったんです。命ってものは、そいふにして授かるものなんだね、と思ってだったんです。

それから、一度他家(よそ)さ預けて、そして捨ててもらって、誰かに拾ってもらうと丈夫な子どもに育つってことで、小さい時に「しょうぶさ」という屋号の家に預けられたことを覚えているんです。

あと、犬とか猫とか雄の山羊とか、川さ捨てられて鳴きながら流されていくのをよく見たから、おれが川から流れてきた子どもだってことが信じられたんですよ。

「木の股に置かれていた」「川の堰に樽に入れられて泣いていた」……こうした言い方はよく耳にします。そして、民話では水の向こうから流れてきた「桃」や「瓜」や「小箱」の中に命が潜んでいると語られます。それから、木の股は、「姥捨て」の民話の中では命の捨て所として重要な意味を持っています。川の上流や木の股が命の誕生や消滅にかかわると語られて、命はひととき「授かる」ものであり、またいずこかへ「返す」ものであるという先祖の生命観にわたしは胸打たれます。

また、「一度他家に預けて、誰かに拾ってもらう」という営みにも、命に対する先祖の思想を感じます。つまり、命というものは、自分たちの手で生み出して、自在に育てていくものではなくて、いずこからか「授かる」、いわば預かりもの（拾いものといってもよい）として、もたらされる存在なのだという思想を映し出しているのではないかと思います。

それから、犬や猫や雄山羊が生きたまま川に捨てられたという風景は、現実として健さんの心に深く印象付けられているようです。自分も犬や猫を飼いきれなくて流したことがあったと言われ、一見残酷に見える「生きたまま流す」という行為の裏にあったのは、「誰かが助けてくれるんでねえかと願いを込めて川さ流した。それで、生きたまま流したのす」という思いであったと語られたのも忘れられません。

そういう願いを込めて、口減らしのために、生きたまま流された人間の子どもたちも、この地では少なくなかったことを暗示しているようでした。

命が拠ってきたるところは、いったいどこなのか、この根源的な問いを投げながら、お祖母さんのさとさんは、健さんに飽くことなく物語を聞かせられたのでした。

六 「民話」から離れる、そしてふたたび「民話」へ

しかし、中学生になった頃から、急速に民話を聞くことに興味を抱かなくなり、時にはお祖母さんを拒

否して反発したこともあったと言います。

その原因の一つに、小学校高学年になった時、クラスの「お話し会」での体験がありました。健さんはお祖母さんから聞いた昔語りを練習して「お話し会」に臨み、それを披露したそうですが、級友たちは本で読んだ新しい話や外国の童話などを発表するので、「ショックを受けた」そうです。

学校教育は、幼い魂が初めて体験する「集団社会」と言ってよいでしょう。そこでの体験がさまざまな形で健さんに脱皮を迫るのはごく当然のことです。ただ、その節目に民話への反発があったということは、見方を変えると、それだけ深くお祖母さんの語りが健さんの体に浸み込んでいたとも言えます。

昔話を聞く時には、「はど」って相槌を打って聞いたものです。ところが、おれ、小学校に入って学校で教えられた新しい話をお祖母さんにしてやると、お祖母さんが「はど」って相槌打って聞くんだもやあ。それがいやでね、学校で覚えてきたことを、そういうふうに受け答えされるのが気に入らねかったのす。昔話は「はど」でもいいが、学校の話は「はど」とかって相槌するのは恥ずかしいもんだと思ったったんです。

健さんのこの言葉をおもしろく聞きました。

お祖母さんのふところを出て、新天地の「学校」で体験したことを誇らかにお祖母さんに語るのに、それを聞くお祖母さんは「はど」と、昔話の世界と同じく受け止めて相槌されるわけです。

健さんはそこに一線を引かないことには前へ進めないような幼い反発を感じて、「はど」の世界に抵抗し、お祖母さんを避けるようにさえなったと言われました。先へ進むためにはお祖母さんの懐から飛び出して決別することが求められたのかもしれません。

さらに、中学校を卒業して高校進学のために盛岡に移り、上京して大学生活を送ることになった健さんにとって、昔語りの世界はいっそう遠のき、それればかりか背を向けるようになっていくのは自然の成り行きだったと思われます。

ただ、背を向けていったかのように見えた時期の健さんの中にも、こんな形で生きていたお祖母さんの「言葉」があったことも知りました。

それは、大学を出て郵便局に就職された頃のことでした。


三十代で総務部長のポストについていたある人と話し合ったことがあるんですよ。もちろん、労使の関係でですよ。わたしは組合側の人間でしたからね。

その人は「組合の人間はなぜか外来の言葉でものを考える。そこがいけないね」と、こんなことを言う人だったんですよ。わたしたち組合員の演説なんかを聞いていて、そう言ったんだと思うんです。

そう言われて、その時、わたしたちが、話している言葉の吟味っていうか、生の言葉でものを考えるってことは、どういうことだべなって考えたことあったんです。それが、どうしてかずっと頭にありました。

今回、あんたたちに「民話を語れ」って言われてね、自分が育った時の言葉でね、一度は捨てた生まれた時から使っていた言葉で話してみたわけだが、話していて、「これが大切なんだなあ」と、あらためて思ったのです。この言葉の世界への気持ちが欠けていたから、おれがやっていた演説は言い放しで終わっていたんだなあと、今頃になってわかったのです。

あんたたちと話すようになってから、とうとう演説をぶつというようなことは、わたしには嘘の自分だったつうことがよくわかってきたんですよ。

こういう言葉を聞くと、語ることによって、ふたたび自分の生き方を模索しようとされる健さんの姿に心打たれるのでした。

自分が拠ってきたる「在所」から一歩でも遠くへ離れることが、「文化」に近づく常道だとされる傾向は、現在でもあまり変わらないと思います。しかし、真の「文化」は、それを支える「在所」にこそその根を持つのだということを、健さんは言われるのでした。

こうして、語ってもらう民話とともに、その前後で洩らされた健さんの言葉が忘れられません。おそらく、「語りの場」というのは、民話だけが単独でそこにあったのではなくて、周辺に、一見関係のないさまざまな言葉が散りばめられることによって、一話の重みや秘めた意味が初めて明かされていくのではないかと思います。それは「はど」の世界が形成する広大な沃野の、ほんの一部なのかもしれないと思います。

こうして健さんから聞いた民話は、その話の数だけで言えば、またたくうちに百話を超えました。非常に短い期間に一気に思い出された話群ということになります。噴き出した泉の水が時間の流れの中で次第に澄んでいくのを待たずに汲み上げるような気持ちで健さんのもとへ通い、記録しました。半年にも満たない時間の中で、民話が語り手の記憶の底から甦る瞬間の「格闘」のすさまじさを体験したのです。それはまことに得難い時間でした。

忘れられない出来事があります。

それは、一九八八年の大晦日の前日のことでした。

郵便局勤務の健さんにとって、その日は特別に忙しい日だったのですが、驚いたことに休暇を取って職場を休んでしまわれたのです。

「思い出した昔話が頭の中にいっぱいになって苦しいから、聞きに来てくれ」

という連絡がありました。

ところが、その前日、わたしは足を捻挫して歩けないで寝ていました。

でも、なんとしても、健さんところへ行きたくて、家人が止めるのも聞かないで、松葉杖をついて半ば這うようにして健さんのもとへ行ったのでした。

同行してくれた仲間が、つくづくあきれたという顔をして、

「語るほうも、聞くほうも、まるで物狂いですね」

と呟いたのを覚えています。

本当に、狂ったように語り、狂ったようにそれを聞いた日々だったのでした。

あとになって、ふと思うことはありました。こんなに急かして健さんに、「語れ。語れ」と求めないで、健さんがもう少し年齢を重ねられて、体内の民話が自然に醸されて出てくるのを待つべきではなかったの

か、と。

この思いはわたしの胸を絶えず襲いました。が、同時に、いま聞いておかなければという気持ちにも駆り立てられるのでした。この両方に心を揺さぶられながら、健さんの語りを聞くために、そのもとへ通いつめたのでした。

　あのとき、思い出さなかったら、おれの民話は消えていたと思う。あのとき、あんたたちにせがまれて、半分強制的に思い出させられたから、いまもこうして語れるのす。「言葉」というものがあるのです。ありがたいことだなあと思います。

　いまのおれがあるのは、あのときお祖母さんをおれの中に呼び戻したから、こうしているんだと思っていますよ。

これは、あれから三十年がたったある秋の日に、健さんがほろっと洩らされた言葉です。この言葉を聞いて、わたしは伝わる「言葉」というものが持つ限りない力にうたれて、涙がにじんだのでした。

健さんは、あれ以来、郵便局勤務の傍ら、頼まれればどこへでも出向いて、ととさんから聞いた民話を語って聞かせるようになられました。「自分ひとりのものにしておくのがもったいないのす」と言っておられました。

それだけでなく、郵便局を定年退職後は、民話を語りたいという人たちの中心的な存在になって、「真の語り」とはなにかを考えながら、多くの人に「語り」の姿を伝え続けておられました。

退職記念にいただいた赤い手ぬぐいには、

「山姥(はは)の声を語り継ぐ出立の日　一輪ほどのあたたかさ」

と染め抜いてありました。

その下には梅一輪を挿した丸い花瓶が描かれて、脇に「一輪ほどのあたたかさ」という文字が光っていました。

＊

令和二(二〇二〇)年五月のことでした。健さんから二冊の本が届きました。『メルヘンそして遠野物語』、『戦争と未亡人』と題されていました。

著者は佐々木健とあり、発行は昭和五十五(一九八〇)年です。仙台にある「市民サービスセンター刊」となっています。健さんが四十歳前後に書かれた著書でした。わたしたちが健さんに出会う前に、すでにこの本は出版されていたのでした。二冊とも一〇〇ページをゆうに超す力作でした。

発行から四十年あまりが経った今になって、わたしはこの本を初めて手にしたのでした。自分の不明を恥じながら、わたしは二冊の本を一気に読み、そして、健さんに長い手紙を書きました。そこには、宮守の風土の中で、祖母の語りを聞きながら育った健さんの「文学」に寄せる感性がにじんでいました。うつくしい文章でした。わたしは胸をいっぱいにしながらそれを読みました。

健さんは、民話を語る人である前に、すぐれた文章家でいらしたのです。しかし、最終的には「書く」

ことではなくて「語る」ことに生涯をかけられたのでした。

だから、健さんの語りは、いつもうつくしく薫り高く響き、わたしたちを魅了してきたのだと思います。

ただ、残念なことに、いまはもう健さんの語りを聞くことができなくなったことを、ここに書き加えなければなりません。健さんとその語りを慕う多くの人たちに見守られて、二〇二二年十月二十三日に、健さんは旅立たれました。八十五歳でした。健さん。ありがとうございました。たくさんのものをいただきました。合掌。

せきれんこ（セキレイ）の話

むがす。

ある時、若い男いだったたづぉんや。

その男、町さ用足しにでかけて行ったたづぉんや。

したっけ、河原っこ通っていだ時に、せきれんこの卵あったたづぉん。見たら、卵、五つか六つあったたづぉんや。

この若い男、かまわねえで行けばいいのに、

「こったなもの」

って、足で踏みつぶしてしまったたづぉんすや。

　そして、夕方、町から帰ってきて、さっきの河原のあたりさ来たっけぇ、腹病みしてる女の人いだっけづぉんや。

「どういたしました」

って聞いたんだと。女の人ぁ、

「急にさしこみが来て、動けなくています」

って言うんだと。

「そんじゃ、送っていぐから。どちらだか」

「こごのもう少し先の御殿屋敷、そこだ」

って言ったんだと。男ぁ、

〈いっつもここを通っているが、そのへんに屋敷あるはずねえなあ〉

　そう思ったけど、女の人がそう言うんで、連れていったれば、そこにちゃんとした門構えの立派な屋敷があったづぉん。

　そして、中さ連れていかれて、家の人だちに、

「やあ、やあ。よく来てくれやんした」

と言われて、いっぱいご馳走になったんだと。

　そのうちに、さっきの女の人もうつくしく着飾って出てきて、お礼言ったんだと。

「おかげさんで治りやした」

そして、若い男を誘うような素振りっこしたづぉんや。男も、その気起こして、女の人を追っかけたづぉん。

したっけ、その女の人、さっと立ち上がったづぉん。そして、襖のどこさ行って、カラントンと閉めてその陰に隠れたんだと。

男は、その襖を開けると、今度はその奥の部屋の襖のどこで、女の人が笑っているんだとや。

「これでは、わねえ（どうしようもない）」

女の人が閉めていったその襖を、カラントンと開けていってみると、やっぱり、またその奥に部屋があって、襖のどこに女の人がいて、男がちかづくと、カラントンと襖を閉めるんだとや。

ガラッ　カラントン
ガラッ　カラントン
ガラッ　カラントン

行くが行くが行っても、どこまでも座敷が続いていて、男はへとへとになって倒れてしまったんだどすや。

しばらくして、夜露が冷たくあたって目が覚めたれば、そばの草むらの中に、セキレンコの卵の殻が、きらきらと光っていたったんだどすや。

朝、そこを通った時に、「こったなもの」って、足で踏みつぶしたせきれんこの卵の殻が、きらきらと光っているばかりだったんだどや。

どんと　はれ

わだし、修学旅行さ行ったりして、広い旅館の座敷なんか見ると、この話のことしか思い出さねんだおね。

「ははあ、こうか。何枚も襖あったってのは、こうか」

なんて思ってね。

小さい時は、絵の描かった唐紙の襖なんか見たことねえもんだから、博物館で尾形光琳の絵なんか見せられても、「せきれんこ」のことしか思い出せねえんですよ。

第六章

佐々木トモさん

友はみな貸されて
（売られて）いった
村に生きて

一　トモさんに初めて会う

佐々木トモさんに初めて会ったのは平成十二（二〇〇〇）年五月二十四日のことでした。新花巻駅で迎えてくださった佐々木健さん（本書第五章参照）の車に乗って、トモさんの家に向かいました。トモさんをわたしに引き合わせてくださったのは健さんだったのです。

猿ヶ石川を右に見ながら、馬越峠に向かって次第に達曽部（たっそべ）の山峡に入っていくと、その山の中腹にぽつんと建つ一軒家がありました。その家でトモさんは息子さん一家と暮らしておられました。

麓に車を停めて、山坂を登ってくるわたしたちを、トモさんは家の前に立って待っておられました。

そして、わたしたちが近づくと、深く腰を折って、

「ありがとうございます」

と、お辞儀をされました。

初対面の挨拶の言葉が「はじめまして」でも「こんにちは」でもなく、ただ「ありがとうございます」

という、うつくしい一言だったことが心に残りました。

以来、十回あまりもトモさんをお訪ねすることになりましたが、いつもトモさんの挨拶は、

「ありがとうございます」

という一言だったことが忘れられません。

別れて帰る時も、

「ありがとうございます」

と言って、深々と頭をさげられるのが常でした。余分な言葉はなにも口にされませんでした。「ありがたい」という言葉の本来の意味は、有ることが難い、つまり稀に遭遇した恵みという意味ですが、他所から来た者を迎えるトモさんの心組みが伝わってきて、いにしえの名残を心に畳んで生きておられる人を見る思いがしたのでした。

驚きはそれだけではありませんでした。わたしたちに会う時には、豆絞りの手拭いを広げて、姉さんかぶりに頭にかぶり、居ずまいをただしてから、挨拶をされるのです。

現在の感覚からすれば、人に挨拶するときは、頭に手拭いをかぶっていたとしたら、それを取って向き合うのが当たり前に思われますが、トモさんは違いました。現在では、少し異様ともとれるトモさんの挨拶の姿に、わたしは、失われた日本人本来の姿を見るような気がしました。

頭に被り物をしてから、向き合うという作法は、日本古来の「あらたまり」の作法であり、向き合う対象への尊敬の気持ちをあらわすものであったことが思い出されます。

頭に手拭いをかぶった姿、手拭いをとった姿、それは非日常と日常を意識した古代の姿であり、いにしえの名残を生きるトモさんの姿を垣間見る思いがしました。それは、訪れる客に向き合う際のトモさんの「あらたまり」の心をあらわすものでもありました。新しい世紀が始まった現在でも、「訪れる客」に対して、被り物をする向き合い方をしておられる姿を見た驚きは大きかったのです。

遠野は、明治四十三（一九一〇）年に発表された柳田國男著『遠野物語』以来、民話の古里として世界にその名を知られて、周辺の地域の民話の記録も、佐々木喜善をはじめその道の研究者によってさまざまな角度からおこなわれ、すぐれた成果を挙げてきました。

ただ、同じく遠野郷のうちでも、馬越峠を越えて達曽部へと向かう内陸の方角での記録は等閑に付されてきた観があるように感じていましたので、トモさんがその内陸に位置する宮守村白石に住んでおられる人だということに、とても大きな興味をそそられました。

実際、お目にかかったトモさんは、たくさんの民話を記憶しておられました。ただ、それはあくまでも「家の内」で身近な者たちに語ってきたものであって、外からやってきた者に語ったことは、「これまでに一度もなかった」と言われました。

本来なら、そのまま「外」へ出ることのなかったはずのトモさんの民話でしたが、同郷の佐々木健さんの強い懇望によって、戸惑いと困惑を秘めながらも、いま初めて「外」へ出ようとしていたのでした。

わたしは、トモさんからその語りを聞くことができるのだと思うと、胸が高鳴りました。

二　トモさんが生まれた家

トモさんは大正十（一九二一）年三月五日、宮守村字白石の生まれで、お目にかかった時は七十九歳でした。

その後、宮守村は、平成十七（二〇〇五）年に遠野市に合併になりましたが、早池峰山を北に仰ぐこの集落は、前期旧石器時代の遺跡が発掘されるなど、固有の文化と歴史があったことをしのばせます。人口五千人あまり、面積の八割が山林という山農村でした。

白石はその北方、馬越峠の麓、白石川の渓流に沿って横たわる集落の一つで、トモさんの生家(屋号久右衛門)は、この地でもかなり古い家だったということです。

男の子ばかり四人続いたあとに、年齢の離れた末娘が生まれ、それがトモさんでした。男の子四人のあとに授かった女の子ですから、両親の喜びはひとしおだったのではないかと聞きますと、

「いやぁ、なぬ、そってもねぇ」

という返事がきました。

それというのも、トモさんが生まれた年の八月にお父さんが亡くなるという事情があったからでした。ですから、トモさんはお父さんの顔を知らず、その記憶もなく、

「おれ、お父さんを持たねぇから、他の人たちが『お父さん、あれ買ってけた、これ買ってけた』って言ったって、おれ、なんにも買ってもらえねがったんだから」

と、幼い日に味わったさみしさを言葉少なにもらされました。

さいわい年齢の離れたトモさんの長兄(家督息子)がすでに一人前の年頃になって一家を構えておられ、トモさんが物心ついた頃には、その兄と兄嫁が一家を切り盛りしておられたのでした。

寒冷地のために、米作よりは山を切り開いて栗、稗、豆などの穀物をつくることが多く、トモさんも尋常小学校四年を了えると、肥背負い(こえしょ)など農作業の手伝いに励んだと言います。

三　祖母モトさんから民話を聞く

幼い日のトモさんのなによりの楽しみは、当時八十歳の祖母モトさんから民話を聞くことだったと言います。夫を亡くしたあと、家督息子を助けて一途に働く日々であったというお母さんに代わって、子どもたちの世話に当たったたのがお祖母さんのモトさんでした。

夜になると、

「あべ、あべ。寝るべ。昔語るだんべ」

と言って、子どもたちを寝床へ誘い、毎晩、語って聞かせられたそうです。

トモさんとトモさんのすぐ上の兄の四五吉（しごきち）さん、そして長兄夫婦の子ども二人、同じような年頃の、モトさんにとっての孫とひ孫が、モトさんを真ん中にして、こちらにトモさんと四五吉さん、あちらに兄さんの子ども二人、といった具合に布団に入って、いつも民話を語って聞かせられたそうです。

それを聞くのがなによりの楽しみだったと、トモさんは言います。

たくさんの民話を飽かず語られた祖母モトさんについて、トモさんと一緒にそれを聞いた五つ年上の兄四五吉さんは、こんなふうに言っておられました。

「祖母モトは隣村の農家より嫁いだ人で、生家は祖先が武士か狩人か不明ですが、一筋の槍が伝わったことのある家らしいとは聞いていました。また、江戸末期か明治維新の頃、衛門と称する学者（浪人かもしれない）が逗留し、近村の子弟を集めて手習いを教えていたので、その影響によったものか、手洗い鉢をチョウズバチ、便所をセッチン（雪隠）などと呼ぶことが多かったです。なにかしてくれというようなときは、

『何々してたもれ』というような言葉を使う人でした。子ども心に、変な言葉を使う人だと思っていましたが、いま考えると寒村にめずらしく立派な言葉を使う人であったのだと思います」

トモさん自身はお祖母さんについての詳しいことは、「わたしは、なんもわからねぇのす」と言われました。

しかし、語ってもらった民話のことになると、兄の四五吉さんは「おおかた忘れたな」と言われましたが、トモさんの身体にはしっかりと住み着いて、ずっと生き続けていたのでした。

四　「聞く」から「語る」へ

同じように民話を聞いて育ったという兄弟や姉妹の方に会うことがしばしばありましたが、ふしぎなことに、民話はそのうちの誰か一人に深く根付いている姿にまま出合いました。他の方たちは、民話を聞いたことは覚えていても、その中身まで詳しく記憶していないという場合が多いのです。

そんな時、語られる民話は、人を選んでその身体に入り込み、そこで生き続けているかのように、わたしには思われるのです。

トモさんと四五吉さんの場合も同じで、民話たちは四五吉さんの身体にではなくて、トモさんを選んで住みついているようでした。そして、住みついた話たちは、いつも外へ出たがっているかのように、さまざまな形で外へ出てくるようです。

トモさんの場合は、トモさんが学校に入ってから、お祖母さんに聞いた民話を友だちに語って聞かせるようになり、それもまた楽しい遊びだったと、目を細めて言われました。

学校は、男子十一人、女子六人ほどの小規模な分校で、家から学校までの山道は、子どもの足で片道一時間あまりもかかり、その道みち、友だちに、

「おまえ、むがし語れ、語れ」

とせがまれて、肩を組んで歩きながら、トモさんは祖母モトさんから聞いた民話語りをしたと言います。

「雪の日も雨の日も、そったなことして歩いてきたったんす」

トモさんは往時をなつかしく思い出しておられました。

また、学校の近くにお母さんの実家があって、トモさんはよく泊まりにいったそうです。

「よく、お前、そったに小っこくても泊まってるなぁ」

と、周りから言われたこともありましたが、そこにはトモさんと同い年の従姉妹と二つ三つ小さいその妹がいて、一緒に寝ながら、自分がそうしてもらったように、小さい従妹たちに昔語りをして聞かせるのが、トモさんの楽しみだったと言います。

祖母のモトさんから聞いた民話によって、貧しい暮らしながら、唯一の楽しみを深く味わったトモさんならではの営みがそこにあるのを感じます。

目に見える物を分けるのではなく、心で味わった楽しみを、幼い口からふたたび紡ぎ出して、それを友だちや従姉妹と分かち合おうとするその姿——本当にうつくしい風景が彷彿として浮かんできます。

のちのち、トモさんは楽しかった少女の日を思い出して、涙を拭いながら述懐されたことも、忘れられません。

「大きくなって、よく物を食う年頃になると、友だちも従姉妹も、みんな他所の土地へ貸されて（売られて）いったんであんす。食糧、足んねがったんであんす。おれは身体が弱かったから、貸されねえでしまったけんど、貸された友だちも従姉妹も、そのあと誰ひとり帰ってこねかったであんす。んで、この年齢になっても、おれ、友だち、いねえんであんす」

米の穫れない寒冷地集落におけるごく当然のこととして、子どもたちを巻き込んでいく厳しい現実が、そこにはあったのでした。

五　嫁から母へ

十七歳の時、トモさんは宮守村白石の久右衛門から、山ひとつ越えた村へ嫁にいきました。嫁にいくまでは、戦時中まで金を掘ったという白石金山で、日当四十銭の鉱山仕事に出かけて、嫁入りのための帯や着物を自分で揃えたと言います。

なかでもトモさんが大切にしているのは、お母さんが糸を績んで、織って、縫って、持たせてくれたという一枚のムズリコ（綿入れ半纏）です。お尻がすっぽり隠れてもあまるほど後ろが長くしてあって、嫁ぐ娘へのお母さんの愛情がしのばれる品でした。

しかし、それは花嫁に託すものとしては、あまりに地味な色合いで、いかにも硬い手触りでしたが、トモさんにふさわしい品に思われました。

「大事にしまっておいて、ほとんど着なかった」

箪笥から出して、撫でるようにしてそれを広げて、わたしに見せてくださったのでした。

嫁いだ家は、多いときは十三人の家族がいて、食事には飯台二つ出して並べ、「ご飯」「ご飯」とおかわりを出される茶碗に忙しくて、自分の口までなかなか持ってこられなかったということです。「ご飯」といっても米のご飯ではなくて、ほとんど芋や山菜などを炊きこんだおかゆだったそうです。

「そいつ、まことに美味しかったんであんす」

トモさんは、目を細くして言われるのでした。

食事のあとの農作業は、おもに山を切り拓いて土地を起こし、田んぼをつくることでした。そのときのことを、トモさんはこんなふうに述懐しています。

「米穫らねばねぇんだから、土方してモッコ担いで歩ったったんす。おれ、身体小せいから、そっちゃ転び、こっちゃ転びして、うんとせつねかったんであんす。そすて掘って田んぼにして、やっと米穫って食うようになったっけ、今度ぁ、ワサビの方がええって、その田んぼはみなワサビ田にしたったんす」

焼畑に粟や稗を蒔いた時代、米が穫れるのはわずかな沢田くらいであった時代、米を穫りたくて田んぼづくりに汗を流して開墾した時代、猿ヶ石川上流にダムができて、だんだんに安定した米づくりができるようになった時代、そして、米の田んぼから寒冷水に適したワサビ田に変わっていった時代、幾星霜の時代の移り変わりを、トモさんは身をもって体験してこられたのでした。

そんな暮らしの中でも、トモさんの民話は生き続けていました。

嫁ぎ先のお姑さんがトモさんから民話を聞きたがって、夜なべ仕事になると、

「嫁や、むがし(昔話)語れ、語れ」

と言ってせがまれたというのです。

幼かった義弟や義妹もそばに寄ってきて、松の根っこをいぶして灯りをとって、トモさんの語りに耳を傾けたということです。想像するだけでも、このうつくしい風景は、「語り」というものの力をあらためて、わたしたちに教えてくれます。呼び起こしてくれます。

こうして、幼い日、娘の日、嫁時代、そのあいだもずっとトモさんの昔話はそこにあって、トモさんの人生を彩り、慰めを与え、楽しみを分かち合う働きをしてくれましたが、それを大きく変えたのはテレビの出現でした。

語る人を囲んで、その口から紡ぎだされる民話を求め、それを楽しんだ風景は今はなく、テレビが家の中心にどっかと座って、みんなは吸い寄せられるようにその前に集まるようになっていました。

そして、トモさんは子どもや孫にも次第に語ることはなくなって、頭の隅に昔話を追いやって年月は過ぎていたのでした。

そんなところへ、わたしは飛び込んだのでした。

「トモさんが覚えている民話を全部聞かせてください」と願って、トモさんの語りを聞くために、仲間も

誘って、仙台からトモさんが住む宮守村白石へ通い始めたのでした。トモさんはわたしたちの願いに応えてくださって、一つまた一つと、思い出し、思い出しして語ってくださったのでした。

六　宮守村からの依頼

これまでに聞いた民話と類似する内容のものもありましたが、それを含めてトモさんの口から出てくる民話は独特の深みがありました。

トモさんのゆったりとした語りで、それを聞くと、その一話一話が、いま初めて生まれた物語のような気配で迫ってくるのでした。ふしぎな原石が、まだ土をつけたままの姿で、一つまた一つと、並べられていくような気持ちがするのでした。

夢中になってトモさんのもとへ通っていたのですが、そうするうちに、トモさんから聞いた民話の数は七十話を超えました。

これらをどのようにまとめていったらいいのかを思案していたとき、宮守村から、思いがけない申し出を受けることになりました。

かねてから伝統文化や民俗の調査に心をよせていた宮守村の教育委員会が、わたしたちの行動に目をとめてくださったのです。そして、トモさんから民話を聞き、それをまとめるために、わたしたちが心を砕いていることを知って、それを「村の遺産」としてまとめてほしいといううれしい申し出があったのです。

折しも、市町村合併の動きの中で、やがて遠野市に組み込まれることになっていた宮守村の「心の思い出」に、トモさんの語りを一冊にして村人に配りたいということでした。それは佐々木健さんの兄上にあたる当時、宮守村の村長だった佐々木廣氏の強い要望でもあったことを、あとで知りました。

わたしは心から喜んでその仕事をさせてもらうことにしました。町村合併によって行政区が整理されていくにしたがって、その名前が変っていくことは、合併を余儀なくされる小さな村々にとっては、長年生きてきた故郷を失うような気持ちがあったに違いありません。

合併によって失われる「村」の名残を残す方法はいろいろとあることでしょう。

しかし、目に見える箱物や、記念の品を残すのではなくて、その地で語られてきた無形の遺産である民話を一冊にして村人一人ひとりに手渡そうというこの考えに、わたしは頭が下がりました。

すぐに、これまでにトモさんに聞いた民話を整理して、一冊にまとめるべく全体の編集にとりかかりました。そして二八〇ページに及ぶ一冊の構成をまとめました。

本の表題は、わたしをトモさんに引き合わせてくださった佐々木健さんによって、次のように命名されました。

『佐々木トモの語りによる　宮守物語　早池峰山系の民話』

初めて世に出ていくトモさんの重厚な語りです。

わたしは七つの章に区分して、トモさんの言葉のリズムを生かすべく、何度もの書き直しをしました。

第一章　動物たちの世界

第二章　人と動物のまじわり
第三章　村に生きた爺さまと婆さま
第四章　おもしろい男たちの力
第五章　さまざまな女たちの姿
第六章　生き抜く息子や娘たち
第七章　果てなし話・一口話・なぞたて

七　ここに、もうひとつあんのす

しかし、本来、口で語られて音声をともなうのが民話です。それを文字にして横たえると、言葉はどこか命を失って、ぐったりとしてしまいます。とくに方言がもつあたたかい、そして力強い一語の味わいを文字化するのはこの上なく困難な作業です。

わたしは力をしぼりましたが、生かし切れないで、曖昧になってしまう点がいくつも残ってしまいます。その都度にトモさんのもとに通って、聞き直しを重ねました。

そうこうするうちにも、村が遠野市に合併される時期が迫っていました。

わたしは教育委員会に最終原稿を渡し、それは担当者の手でさっそく印刷所へ運ばれました。そして、校正も二校、三校とすすみ、最終校正も終わり、本の形もほぼ整ってきた頃でした。

わたしはもう一度、確かめたいことがあって、トモさんを訪ねました。確かめようとしたのは、トモさんの周囲の方の年齢で、それは本とは直接的には関係がなく、それを確かめたいというのは、わたしの気休めのようなものでした。

いま思えば、それを確かめたいというよりは、ただなにかに引き寄せられるようにして、どうしてもトモさんの顔が見たくなったのでした。

仙台を出て、トモさんの家へ向かいました。

その日、突然にあらわれたわたしに驚いたトモさんに、確かめたかったことを聞きました。そのあと、あれやこれやと、しばらくよもやま話をしました。

そして、帰りの時間がきたので、

「もうすぐ本ができますから、楽しみにして待っててくださいね」

と言って、わたしが立ち上がったときでした。

いつもだったら、ここでトモさんは、

「ありがとうございます」

とお辞儀をされるのですが、その日は違いました。

もじもじしながら、胸をおさえて言われるのです。

「話でもなんでもねえのすが、ここに、もうひとつあんのす」

「もうひとつ？　なんですか」

「話でもなんでもねえんで、語らねえでしまったが、ここに、もうひとつあんのす」

「もうひとつって？」

わたしはたずねました。

すると、トモさんはもじもじしておられましたが、意を決するかのように、胸を押さえて、こんな話を語り始められました。


むがす、あったづぉんなす。

雑魚(ざこ)釣りな人、魚釣りに来たっけづぉん。

ずっと行ってみだっけ、川のほどりに家っコあったったづから、

「ここに家っこある」

て言(せ)って、入ってみだっけづぉん。

そすたれば、なかでお爺(ず)さんとお婆(ば)さん、二人して茶の間で毬ついて遊んでらったっけづぉん。

向(むけ)え山の　柴グルミ
熟(う)んで　こぼれて　拾われて
売られて　買われて　食べられた

すっぽん　すっぽん　すっぽん

二人して毬ついて遊んでらったづぉん。

いっしょけんめに毬ついてだっけ、お爺さんが力いれたから、その毬、縁側（えんこ）の向けぇさ、上がったづぉんやあ。

「ああ、毬、縁側の向けぇさ上がったったから、お昼にすんべ」

お爺さんとお婆さん、お昼食べて、そすて、寝てしまったづぉん。

そのうちに、雑魚釣りな人ぁ、その毬持って行ってしまったづぉん。

そすて、隣村さ行って、

向え山の　柴グルミ
熟んで　　こぼれて　拾われて
売られて　買われて　食べられた
すっぽん　すっぽん　すっぽん

毬ついて、お金もらって歩いたったづぉんや。

どんと　はれ

語りはここで、ぽつんと終わりました。

語り終えると、トモさんは大きな仕事を終えたかのようなほっとした顔で、わたしを見ておられました。

一方、わたしは、この話のとりとめのなさに、

〈あらっ、なんだろう、この話は？　頭もないし、尻尾もない。まるで独り言のような儚さだ。どう受け取ったらいいのか〉

と、一瞬、戸惑っていました。

でも、トモさんが胸を押さえて、

「話でもなんでもねえが、ここに、もうひとつあんのす」

と言って、吐き出さずにはいられなかった話です。

この一話に込めたトモさんの深い思いが、次の瞬間にひたひたとわたしの胸に押し寄せました。

八　寒冷地の暮らし

折に触れて話された寒冷地の暮らしは、厳しいものでした。先にも述べましたが、米が穫れない土地ですから、粟だの稗だの芋だのを主食としていたそうです。戦中戦後の食糧難の中で、多少のひもじさを味わった経験があるわたしは、トモさんに聞いたことがありました。

「そんなに食べ物がなかったら、戦争中はさぞひどかったでしょうね」

すると、トモさんはかすかに笑って、

「なに、戦争前も戦争中も戦争の後も、なんにも変わらねがったなす。ずっとひもじかったであんす」

と言われたことを思い出しました。

トモさんの暮らしの中では、食い物は絶えず欠乏し、子どもが八つ九つになって、よく物を食うようになると、次から次へと貸されて（売られて）いった話は何度も聞きました。近くであれば馬追や子守奉公や手間取りに出され、遠くであれば店の丁稚（でっち）や土方仕事、客商売に貸されていったと言います。

そして、子どもたちの多くは人手にわたったまま、故郷へ帰ることは、「ほとんどなかった」と述懐されました。

こういう話をトモさんは何度もされました。

誰もいない山奥の家で、お爺さんとお婆さんが子どものように毬をついて遊んでいたという語りは、一体なにを意味しているのだろうか。

お爺さんとお婆さんには子どもがいなかったのだろうか。いたけれども手放さなければならない事情があったのだろうか。そして、いったん手放した子どもは、誰の手へともなく渡って、金儲けの手立てにされていったのだろうか。

「熟んで、こぼれて」

食べ頃になった柴グルミが、

「売られて買われて食べられた」

というのは、そういうことだったのかもしれない。

子のない爺と婆は、失った子どもをしのんで、たった二人で、人里はなれた山奥で毬をついて遊ぶのか。そうでなかったとしたら、爺と婆は子どもが授からないまま年老いて、村落共同体から離れて暮らすことを余儀なくされたのだろうか。人里離れた山奥の谷あいで、授からなかった子どもを思って毬をつき、ひっそりと暮らしているというのだろうか。

どちらにしても、「子ども」という存在をしのばせる「毬」でありました。

その毬が通りすがりの雑魚釣りの男の手に渡って、男はそれを使って、「毬ついて、お金もらって歩いたったづぉんや」と、妥協のない非情さのまま、「どんとはれ」と結末されているのも胸に迫りました。

あとになって知りましたが、老夫婦がうたっていたこの唄は福島地方では「身売り」の唄として知られて、ひそかにうたわれるものであったというのです。

民話は、ものすごく切実な現実を背負いながら、その重みに耐えて生き抜くために、人々の胸のうちにつくられたもうひとつの世界なのではないか――これまでも折に触れてわたしは語る人たちから、それを教えられてきました。

トモさんが「話でもなんでもないが」と言って、語りかねていた最後の一話をもらって、わたしはそれを胸にしっかりと抱きました。

ただちに印刷所に連絡しました。

わたしは、どうしてもこの一話を本に加えて、宮守村の人たちに残したいという思いに駆られました。

そして、完成を待つばかりになっている本に、無謀にも新しい原稿を持ち込み、この一話を入れることを懇願しました。

ページも目次も、なにもかも変えなければならないこの期に及んで、わたしの願いに困惑しながらも、それをきいてもらったありがたさを、わたしは一生忘れないでしょう。

トモさんの胸にあった最後の一話は、こうして『佐々木トモの語りによる　宮守物語　早池峰山系の民話』の中に滑り込ませることができたのでした。

トモさんが、「ありがとうございます」と言って、豆絞りの手ぬぐいを頭にかぶって、お辞儀をしておられる姿をそこに見たような気がします。わたしにとっても、うれしいことでした。

スズメの敵討ち

むがす、あったづぉんな。

山の神さまのお宮の軒さ、スズメ、巣つくってらったづぉん。

そすて、卵、五つも産して抱いていたれば、山母がその卵食でぐて、そごさ来るづもの。

「スズメどの。スズメどの。卵一つ、ためじゃ（くれよ）」

て言って、来るづもの。

「ければ（やれば）なぐなるから、やんだ（いや）でごじゃ」

スズメ、そう言ったれば、

「そったら、汝（うな）、食うじょ」

て言うづから、スズメ、一つ、けで（くれて）やったづぉん。

そうせば、山母、山へ行ぎしなに、けろっと呑んでしまって、また、戻ってきて、

「スズメどの。スズメどの。卵一つ、ためじゃ」

て来るづぉんや。

「ければ、なぐなるから、やんだでごじゃ」

「そったら、汝、食うじょ」

ああ、スズメ、食（か）れたくねえから、また一つけで、あと三つになったづぉん。

そうせば、山母、行ぎしなに、けろっと呑んでしまえば、また食でぐなって、

「スズメどの。スズメどの。卵一つ、ためじゃ」

て戻ってきたったづぉん。

「ければ、なぐなるから、やんだでごじゃ」

「そったら、汝、食うじょ」

て言うづから、スズメ、食れたくねえから、また一つ、けだったづぉんなす。

そうせば、また、行ぎしなに、けろっと呑んで、三つも呑まれてしまったから、あと二つになったったど。スズメは、

〈もう、けたくねえなあ〉

と思っていたば、また、戻ってきて、

「スズメどの。スズメどの。卵一つ、ためじゃ」

て、そう言った。

「ければ、なぐなるから、やんだでごじゃ」

「そったら、汝、食うじょ」

ければ、なぐなるども、食れたぐねえから、また一つ。とうとう四つも、けでしまったづぉん。

山母、そいづも、けろっと呑んでしまって、また戻ってきだっけづぉん。

「スズメどの。スズメどの。卵一つ、ためじゃ」

「あと一つほかねえから、とってもなあ」

スズメ、羽の下に隠して、ぎっつり抱いてなす、巣の中を、あっちさ傾き、こっちさ傾きしているうちに、転がして落どしてしまったづぉん、卵なす。

山母ぁ、今度ぁ、卵落どされたからって、親のスズメ食ってしまったづもの。

そうすてるうちに、巣から落ぢた卵、軒下のごんどこ（木くず）の中で孵けてす、スズメになったったづぉんす。

その子っこスズメ、育ってなす、

「親の敵取っさ行ぐべなあ」

て言って出はっていったづぉん。

そうすたば、向こうから栗っこ、

そっそ、そっそ

と来たんだんどすや。

「スズメどの。スズメどの。どごさ行ぐじょ」

「親の敵討ちに行ぐやあ」

「敵討ちに行ぐんでば、おれも手伝うやあ」

栗っこも一緒に行ったづぉん。

そうすて、行ぐが行ぐが行ったれば、今度ぁ、山ハチが、

つっつか　もか、つっつか　もか

と来たんだんどすや。

「スズメどの。スズメどの。どごさ行ぐじょ」

「親の敵討ちに行ぐやあ」

「敵討ちに行ぐんでば、おれも手伝うやあ」

山ハチもそう言って行ったづぉん。

そうすて、行ぐうちに、今度ぁ、臼が、

　　ごつご　ごつご、ごつご　ごつご

と、転んで来たんだんどすや。

「どごさ行ぐじょ」

「親の敵討ちに行ぐやあ」

「んでば、おれも行ぐやあ」

臼もそう言って行ったづぉん。


そうすて、また行ぐうちに、今度ぁ、ウシの糞(くそ)、

　　べった　かた、べった　かた

と来たんだんどすや。

「どごさ行ぐじょ」

「親の敵討ちに行ぐやあ」

「おれも行って助(す)けるから」

て言ったづぉん。

そうすて、山母の家さ入(へ)って、待っていたったづぉん。

「おれは囲炉裏さ入ってるからな」

栗、囲炉裏さ入ったづぉん。

「ほんでは、おれ、水瓶さ入ってる」

山ハチは、水瓶のどごさ行って入ったづぉん。

「ほんでは、おれ桁（梁）にいるから」

臼は、歩き端（出入口）の桁の上にいる。

「おれ、どごさも行かれねえから、こごらにいる」

牛の糞ぁ、土間の前あたりに、べつた、べつたといたったづぉん。

「おれ、こごで見守ってる」

スズメどお（たち）、屋根の軒端さあがったづぉん。


したば、山から山母、来たっけづぉん。

それ見で、屋根の軒端にいたスズメどお、

　　ちゅっ　ちゅん、ちゅっ　ちゅん

て、合図したづぉん。

「ああ、寒う、寒う、寒う」

て、山母は来たっけづぉん。

そすて、火ぃ掘って当たるべとして、掘ったれば、そのどき、栗、どんがり跳ねたどやあ。

「熱（あつ）つ、熱つ、熱つ」

て、跳ねられたどご押しぇて、水瓶さ行って入るべとしたったづぉん。

そうすっと、山ハチが、

ずっか　むっか、ずっか　むっか

と、うんと刺したづぉん。

「あやあ、痛（いで）えじゃ。痛えじゃ」

て、山母、逃げるべとして、土間の方さ行ったっけえ、ウシの糞の上さのぼったから、ひっ転んでしまったづぉん。

そすたっけ、歩き端の桁の上から、臼ぁ、落ぢてきて、山母ば押しつぶしてしまったづぉん。

まず、そうすて、敵取ったづぉんや。

それっきり　どんとはれ

第七章

伊藤正子さん

母の語りに育まれて

一　民話を求めて歩き始めたわたし

語り手伊藤正子さんの名前と、語られたその「民話」に出会ったのはかなり昔のことになります。それは「出会った」というのではなくて、正確に言えば、正子さんが語られた民話を本で読んだという事です。その本というのは、昭和四十一（一九六六）年に限定三〇〇部という形で「みちのく昔話研究会」から発行された『酒の三太郎』でした。本の編著者は、後に数々の民話集を精力的に世に送り出し、その業績が称えられて「吉川英治賞」も受賞された宮城県在住の「民話採集者」（氏はこのように肩書されている。小野）佐々木徳夫氏でした。

土地の古老二十五人から提供されたという民話五十話が収められたこの一冊は、佐々木氏の手による最初の民話集として限定出版されたものでした。

佐々木徳夫氏について少し説明しますと、氏は宮城県北のゆたかな地主の家に生まれ、使用人に囲まれた暮らしの中で、何不自由なく成長し、農村に暮らしながら土に触ったことはなかったと、そのまえがきに書いておられます。

私自身農家の出といっても生家が地主であったので、じかに土に親しむこともなかったし、亡父（青木義夫、婚姻により佐々木と改姓）も長年町の名誉職にあり、家業を顧みなかった。そうしたなかで育った私であるが、幼いころ働いていた何人かの使用人が、かわるがわる話してくれた土の匂いのする昔話が、忘れられない。

こうした思いから、東京の大学を卒業して故郷へ帰ることになった佐々木氏は「民話の採集」を思い立ち、親戚や知人を頼って、民話を語ってくれそうな古老を訪ねるようになったということです。

故郷登米郡（現在の登米市）の高等学校に社会科の教師としての職を得て、授業の中では生徒たちに、祖父母や父母から聞き書きした「民話」の提出を宿題として課したこともしばしばあったそうです。そうこうして集まった民話をもとにしてまとめたものが、佐々木氏の最初の民話集『酒の三太郎』に結実したということでした。

収められた五十話の民話のうち十五話の話者として、大正十五（一九二六）年生まれの「伊藤正子」の名前が記されていました。その十五話は、一冊の中でも出色で、一話一話の重みが他の話とは一味違う、味の濃い、しかし整然とした姿を呈しているような印象を受けました。とはいえ、この一冊が世に出た頃、わたしは宮城県の民話についてはほとんど何も知りませんでした。そればかりか、とくに興味を抱くこともなかったのです。

ところが、それから三年がたった昭和四十四（一九六九）年に、ふとしたことから「民話」の世界へ迷い込むことになったのでした。

それは地元の作家が集まって、子どもたちのために「民話絵本」をつくろうではないかという企画が、仙台の書店によって提案されていることを耳にしたことに始まります。大学時代から、児童文学に興味を持っていたわたしは、子どもたちのための「絵本」という言葉に惹かれたのでした。

中心になってこの企画をすすめておられたのは小説家濱田隼雄氏だということも知りました。氏は、日本統治下の台湾で小説家としてその名を知られていた方で、名著『南方移民村』もよく知られていました。終戦後、故郷仙台へ引き揚げてこられてからは、地域の文化活動の重鎮として活動されていたのでした。

わたしは厚かましくも濵田先生のご自宅へ伺い、仲間に入れていただきたいとお願いしたのでした。忘れもしませんが、三番目の子どもが歩き始めたばかりの時で、その子をおんぶして出かけました。

先生は、半ば困惑して、わたしの言うことを聞いておられましたが、背中の子どもがぐずり出したこともあって、早く打ち切ろうと思われたのか、

「いいでしょう。例会に出ていらっしゃい」

と言ってくださったのでした。

メンバーは、ここ仙台に居住する作家、詩人、画家、エッセイストなどであり、それぞれの分野で、すでに一家をなしておられる方たちでした。わたしだけが何の肩書もない一番の年少者であるばかりでなく、ここ宮城県を故郷としない県外出身の人間でした。月に一度か二度、書店の二階に集まって、書いてきた作品の検討会のようなことがおこなわれましたが、まず、原稿に書かれた方言からしてわからないという情けなさでした。

わたしは、ここ宮城県に根付いた民話を絵本にするからには、まず、直接に民話を語る土地の古老に、お目にかかって話を聞きたいと思いました。そうしなければ、一歩も前に進めないという気持ちでした。

それを企画の担当者の方に申し上げると、

「いいでしょう」

と、意外にあっさり同意してくださって、土地の民話を語る古老のもとへ連れて行ってもらうことになったのでした。

このことが、その後のわたしを「民話」へと導いてくれるきっかけとなりました。

連れて行ってもらったのは、登米郡南方町（現在の登米市南方町）にお住いの語り手永浦誠喜さんのところでした。わたしが知らなかっただけで、永浦さんは、すでに民話の語り手として県内では有名な方でした。県内外の研究者だけでなく外国からの訪問者もあるという語り手で、たくさんの民話を記憶しておられ、永浦さんの語りによる民話集もすでに出ていました。

そんなことなど何も知らないわたしでしたが、この出会いがきっかけになって、その後三十年あまり、ほんとうに心のこもった長い付き合いをさせてもらうことになりました。

お目にかかった時、永浦誠喜さんは六十歳を過ぎたばかりでしたが、初めて永浦さんから民話を聞いた時、方言で語られるとつとつとしたその一話を、ほとんど理解できないわたしでした。なにを言っておられるのか、よくわからなかったのでした。それなのに、目に見えない大きな力に引き込まれるようにして、「語られる民話」と「語る人」のとりこになっていったのでした。

そして、いつとはなしに「みやぎ民話絵本をつくる会」からは、足が遠のき、民話を語ってくださる方をもとめて、一人旅に出るようになっていました。

ただ、この「みやぎ民話絵本をつくる会」があったことが、そして一度、その仲間にしてもらったことが、今日までのわたしの歩みの基礎をなしてくれたのだということは忘れまいと思っています。

二　「宮城県民話伝承調査」の委託を受ける

わたしにとって「伊藤正子」というすぐれた民話の語り手の名前は、いつも手の届かない星のようにはるかに輝いていました。なぜなら、その後も佐々木徳夫氏が出される民話集の中に「伊藤正子」の名を始終見つけたからでした。

一度お会いして、その口からこぼれる語りを聞いてみたいという強い思いはありましたが、一方で、すでに先達の佐々木氏がその語りをたくさんに聞いておられて、それを本に載せて発表されていることへの遠慮もあって、心惹かれながらも、お訪ねすることはありませんでした。

そんなわたしが、思いがけないことがきっかけで、伊藤正子さんにお会いすることができたのは、『酒の三太郎』で初めてその名を目にした日から二十年ほどが経った、昭和六十一（一九八六）年のことでした。

そこに至る経緯については、すでに他の章でも述べていて重複する部分があるのですが、正子さんとわたしが出会うための大事な出来事だったので、ここでも簡単に記させていただきます。

それはこういうことでした。

細々と民話採訪の旅を続けて五年あまりが経ったとき、わたしのもとへ、民話に興味をもつ若い人たちが一人二人と集まってきて、その数が六人になったとき、「みやぎ民話の会」と名付けた会を発足させることにしました。昭和五十（一九七五）年のことでした。みんなで勉強会をしたり、民話を聞きに出かけたり、聞いてきた民話の再話を試みたり、それを発表する「会報」の発行などもするようになっていました。

そんな活動をしていたある日、宮城県教育委員会の文化財保護課から「宮城県民話伝承調査」を引き受けてくれないかという依頼があり、担当の職員の訪問を受けました。昭和五十九（一九八四）年の秋のことでした。依頼の中身は、三年間の調査期間を設けて、当時の県内七十四市町村をくまなく歩き、各所の民話の伝承状態を調査記録するという作業でした。思いもかけないことでした。素人集団のようなわたしたちのグループへ、こうした公機関からの依頼があろうとは夢にも考えたことがありませんでした。

それについては、追々にわかったことですが、「民話」という分野は、郷土史や民俗研究や伝説や童唄などの研究と比べて、まともに扱いにくい「女子（おんなこ）どもの寝物語」という認識が、拭い難くあったことにも起因していました。加えて三年間という期限付きで、宮城県内をくまなく歩いて、どこの誰とも特定できない人々の、その胸に眠っているであろう民話を見つけて記録する——これは考えてみれば雲をつかむような作業でした。労多くして先の見えない仕事でもありました。

県教育委員会の担当者は、それまでに県内在住のその道の専門家に打診したそうですが、引き受け手がなかなか見つからなかったそうです。そんな状況があって、わたしたちのところへ転がり込んできた思いがけない話でした。身にあまる大仕事に思われました。全県をくまなく網羅してのこの仕事がはたしてできるかどうか、不安は大きくありました。しかし、それより何よりもこの機会を活用して、少しでも宮城県の民話の本質に近づくことができたら、それはどんなにうれしくありがたいことだろうかという思いのほうが、大きくわたしの胸を占めていました。

これまでは、どこの誰ともわからぬ浮浪者のようにして村々を歩いてきたわたしでしたが、調査の三年間は「県教育委員会の委託で調査にまいりました」という一種の免罪符をもって歩くことができると思って胸がときめいたのも確かです。

この分野について素人であるばかりか、昼間の職場勤務を持っている仲間が大半でしたので、この仕事を引き受けるにあたってはためらう意見もありました。それでも、わたしはこの好機をなんとかして活用したくて、みんなを説得したのでした。

このようにして、「宮城県民話伝承調査」に手をつけた昭和六十（一九八五）年四月からの三年間は、文字どおり盆も正月もなく、そして昼も夜もなく、ひたすらに調査に追われ、その整理に当たる作業で過ぎていきました。

しかし、その三年間で得たものはわたしの想像を超える質量でした。

構成員二十名足らずの「みやぎ民話の会」でした。そしてその半数は、民話に触れてまだ間もないという者たちでした。そしてほとんどの者が民話については何も知らないといってよかったのですが、その素人の一徹さを貫いて、わたしたちは、当時の七十四市町村すべてにくまなく足を踏み入れ、三八八人の方から総数二、五一三話の民話を聞き取り、それをテープにおさめ、手書きの文字で、三〇〇冊あまりの資料集を作成したのでした。

当時は、政府による「ふるさと創生」の掛け声も勇ましい時代で、各県で似たような「調査」がおこなわれていましたが、すでに村史や町史や市史、そして発行された民話集などをもとにしてまとめられたものも少なくありませんでした。

ただ、わたしは、一切そうした過去の活字資料に頼ることをしたくないと心に決め、たどたどしくても文字どおり「足」で歩いての記録を作成したい、そうすることによってのみ真に価値のある収穫が得られるであろうと思ったのです。

それをまとめた『宮城県文化財調査報告書第一三〇集　宮城県の民話　民話伝承調査報告書』（宮城県教育委員会、全四八七頁）は、どの一話も直接に会った語り手から聞いた民話の記録で、当時の伝承状況が期せずして明らかになるという他に類を見ない内容になりました。それとして充実した成果をもたらしたと自負しています。

ただ、最終的に「報告書」に収めることができた民話は、公機関の予算上の事情というものがあって、わたしたちが聞いてきた二、五一三話の中のおよそ一割にあたる二七四話のみで、それで一冊をまとめることを余儀なくされました。

わたしは、報告書に収録できなかった話者と語られた民話に、心からの敬意を表したくて、巻末には出会った語り手三八八名の氏名と出身地と、語ってもらった二、五一三話の民話の題名と、日本民俗学の方式に拠る分類名を表記しました。

それはまた、この先、民話に心を寄せる人たちの参考になればと、願ってのことでした。

三　ようやく正子さんに会う

「宮城県民話伝承調査」――この大義名分を持って、それまでは近づくことをためらっていた伊藤正子さんのもとを、仲間と二人で、わたしは、おそるおそる訪ねたのでした。

それは、民話集『酒の三太郎』を読んでその語りに胸を弾ませた日から二十年近くが過ぎた昭和六十一（一九八六）年の九月でした。胸をときめかせてお訪ねしたのでしたが、初めてお目にかかった正子さんはどこかうちひしがれて、元気のない様子でした。なんとなく肩を落としておられるように見えました。あとで、その理由がわかったのですが、東京へ嫁いだ次女の京子さんが、長く病床にあり、三人の子どもを残して三十七歳で亡くなられたということで、その日、東京の嫁ぎ先から送り返されたという京子さんの嫁入り道具のうつくしい箪笥などが、着いたばかりだったのでした。

わたしはなにも知らず、「県の調査で来ました」と大きな顔をして正子さんのもとを訪ね、不躾にも正子さんに民話を語ってくださいとせがんだのでした。

正子さんは、そんなわたしたちに向かって、なにかを振り払うようにして座り直し、

「悲しい話とおもしろい話を語るからね」

と言って、馬鹿婿が登場する「ところふう」という笑い話を一話と、「お月お星」という継子話を一話、語ってくださいました。

そして、驚くべきことをその後に言われたのでした。

「こんなふうに膝をつき合わせて、よその人に語るのは初めてなのしゃ」

わたしは目を丸くしました。そんなことはないでしょうと思って、佐々木氏の『酒の三太郎』の中で、正子さんの民話を読んで心打たれたことを話しました。

すると、正子さんはそのわたしを見て、重ねて同じことを言われるのでした。

「佐々木徳夫先生のお名前は知っているけど、先生に会って民話を語ったことはないよ」

「えっ、それはどういうことですか」

わたしは正子さんの言葉の意味が理解できませんでした。

それはこういうことだったのです。

佐々木氏が郷里の高等学校に奉職され、担当した社会科の宿題として父母や祖父母から聞いた民話を書いてくるようにと生徒たちに課されていたことは先にも書きましたが、正子さんの次女京子さんが高等学校生だった頃、この宿題が出るたびに母の正子さんから聞いた話を書いて提出したというのです。

その話がおもしろくて、先生が褒めてくださるので、京子さんがそのことを正子さんに告げると、正子さんはそれがうれしくて、しまいには京子さんのかわりに自分で書くようになって、京子さんはそれを先生に提出していたというのです。

その時のことを、後に正子さんはこんなふうに話してくださいました。


京子が若柳高校の二年か三年だったの。

佐々木徳夫先生が若柳高校で先生をしていて、「誰か家族で昔話を知っている人はいないか」って言われて、京子が、「おかあさん、知ってるんじゃないの」と言うので、わたし、ノートに書いてやったの。

それを、先生が本に載せたのね。十七話くらいも書いてやったのを覚えているの。

でも、佐々木先生に語って聞かせたことはないの。

正子さんの言葉を聞きながら、わたしは胸が締め付けられるような思いがして、苦しいほどでした。あれほど憧れてその語りを聞きたいと願っていた正子さんが、いま、わたしのまえで朗々と語ってくださっているのです。正子さんの語りが、まるで待っていてくれたかのように、いま、その口からほとばしり出て、「声」としてわたしの耳に入ってくるのです。

ただ、「こんなふうに膝をつき合わせて語るのは初めてだ」と言う正子さんの言葉についてはもう少し説明しなければなりません。人の前であまり語ったことはなかった――という正子さんの言葉の裏にはもうひとつの理由があったことを、わたしは後に知ることになりました。

それについて、正子さんはこんなことを聞かせてくださいました。

わたしはね、小さい時から人見知りがひどくて、向こうから近所のおばさんが歩いてくるのが見えても、「こんにちは」も言えなかったの。

それで、うんと苦労したの。黙って逃げるように走って、陰に隠れるから、おばんつぁんなんか、「この子はどこか病気でねえべか」って心配して、医者に連れていこうとしたこともあったほどだったんだね。

他人と口を利くのがおっかなくておっかなくてね、どうしてわたしはこうなんだろうってずっと悩んできたんだよ。

大きくなってからもそのとおりでね、変わらなかったの。

十七で隣の家に嫁にいってからもね、畑仕事の昼休みなんかで、みんながくつろいでいても、みんなの話の輪に入れなくて、そこに居られなくて、実家さ走って逃げて帰ったの。

　すると、かあちゃんが卵を茶碗さ割って入れて、砂糖をかけて、ぐるぐるかきまわして、

「さあ、こいつ飲んで早く帰れよ」

って飲ませてくれたの。

　そして、帰るけど、また次の日のお昼になると逃げて帰ったの。

　そんなことしていてもね、周りの人に、

「いっつも実家さ帰る困った嫁だ」

　なんとか小言いわれることはなかったよ。ありがたかったの。


　そんな正子さんでしたから、心にため込んでいた民話がたくさんあっても、それを他の人に「語る」までにはもう少しの時間が必要だったのです。

　ただ、自分の子どもたちにはよく語って聞かせたと言われます。正子さんには三人の娘さんと末に息子さんがおられますが、子どもたちが小さい頃には語ってやったそうです。正子さんが嫁いだ伊藤家は、土地の古い素封家（そほうか）で、母屋の入り口には長屋門と呼ぶ大きな門がありました。その二階が藁仕事の作業場になっていて、そこで仕事などしていると、子どもたちが寄ってくるので、作業しながら語ったと言います。

　亡くなった京子さんも、母正子さんの民話を聞くのが好きで、姉の敬子さんや妹の英子さんと一緒に、よく正子さんの膝の周りへ寄ってきたということでした。

　その京子さんの宿題を手伝って、胸に眠っていた民話をつぎつぎに思い出して、ノートに書いて差し出

したのがきっかけで、正子さんの民話は「活字」になって世に出ていったのでした。

そして、その後、やはり活字になって世に出た正子さんのもう一冊の民話集がありました。それには、こんないきさつがありました。

四　初めての民話集『ひろば』

当時、正子さんが住む登米郡迫町（現登米市）の公民館の広報には投書欄があり、俳句や短歌や詩やエッセイなど町民が自由に投稿していたそうです。正子さんは大好きな民話を書いてそこに投稿したということです。それが公民館の主事さんの目にとまって、主事さんは故郷の宝として、正子さんが記憶する民話をみんな書いてほしいと依頼したそうです。そして、書き上げられた民話七十一話は『ひろば』と題して、公民館の手で一冊にまとめられました。

昭和四十六（一九七一）年のことで、佐々木徳夫氏による『酒の三太郎』が出てから五年あまりが経っていました。それは、わたしが民話を求める旅に出たばかりの頃でした。担当された公民館の主事太布磯雄（いそお）氏は、『ひろば』のあとがきでこのように書いておられました。

「農作業の傍ら書き綴ってくださいました。二百字詰原稿用紙で十二、三センチほどの量です。伊藤さん自身はよろこんで書いてくださったのですが、ほんとうに大変なご苦労をお掛けしてしまいました」

正子さんは当時を振り返って言われました。

あのときは、書くのが楽しくて楽しくて、夢中になって書いたよ。つぎつぎと、母の声で民話が聞こえてきて、それを写したのね。毎晩、遅くまで起きていて、

「明日、起きられねえんだからな」

って、おじいさん（夫正男さん）に叱られながら、それでも書いていたの。

机に向かって几帳面な正子さんの字で、原稿用紙に向かうその姿が目に浮かびます。

「こんにちは」も言えないほど、人との付き合いが苦手だった正子さんが、こうして原稿用紙にむかって心を開放する喜びに浸っておられたのかもしれません。

母よしのさんから、幼い日に聞いた「民話」が正子さんの心を解きほぐして、広い世界へ出ていくために背中を押してくれていたのではないでしょうか。

さらに、正子さんが、「書く」のではなくて、「語る」ことによって広い世界を獲得していかれたのは、『ひろば』ができてから三年が経ったある日のことでした。

隣の北方公民館から、「夏休みの行事で、子どもたちに故郷の民話に親しませたいから、来て語ってほしい」と依頼があったのです。

うんと迷ったけどね、おじいさん（夫正男さん）が、

「なに、こんなに頼まれるんだもの、行ってこい」

って励ましてくれたし、子どもたちが相手なので、やってみようと思って行ったの。

テーブルを置いて囲炉裏に見立ててね、その周りに子どもたちを集めて語ったの。みんな目をキラキラさせて聞いてくれたんだよ。本当にうれしかったの。

夫正男さんに励まされて、大勢の人たちの前で語るたのしさを知った正子さんは、それからは小中学校や老人養護施設や公民館などで、頼まれるたびに出かけていくようになったと言います。ただ、わたしのようにその家まで押しかけてきて、「語れ、語れ」とせがむ人間が来たのは初めてだということでした。

「膝をつき合わせて誰かに語るのは初めてだ」

正子さんのこの言葉はそういうことだったのです。学校や施設に招かれて大勢の人の前で語ることはしてきたが、膝をつき合わせて目の前の他人に語るのは初めてのことだというのです。

いま京子さんの「死」という悲しい出来事があって、そこへふらりとあらわれたわたしたちを相手に、正子さんは「膝をつき合わせて誰かに語る」という形で、その時、物語を「誰か」に直接手渡すことを、初めてなさったのかもしれないと思いました。

これをきっかけに、わたしと正子さんとの民話を通しての付き合いは、その後三十年あまり続くことになりました。

どんなときにも、正子さんは精魂込めて向き合ってくださいました。一語一語、丁寧に生き生きと語ってくださいました。ごまかしのない誠実なその語り、朗々とひびいた張りのある声、はるかむこうの先祖が、いま正子さんを通してわたしのもとへ送ってくれる物語の数々なのでした。胸が震えました。

最後に正子さんにお会いした日のことを、わたしは忘れることができません。若い友人と一緒でしたが、久しぶりに玄関に立ったわたしを見て近寄ってこられると、わたしの腕を強い力でぎゅっと掴んで離されないのです。

「上がれ。上がれ」

と、掴んだ腕を引っ張られるのですが、この姿勢では靴を脱ぐことができなくて、わたしは困りました。両腕を正子さんにとられたまま、わたしは足をすり合わせて靴を脱ごうとしたのですが、バランスを失って、正子さんもろともばたんと、玄関のたたきに倒れてしまいました。

その時の正子さんの身体の軽さと、すでに九十歳の坂を越えて体も弱っておられたのに、わたしの腕をしっかりと掴んだあの強い手の力とを忘れることができません。

どんなに待っていてくださったのかと思うと、いまも胸にあふれる思いがあります。

もともと縁もゆかりもなかった正子さんとわたしの関係が、民話を通して急速に深まっていった年月はうれしくもありがたいものでした。そして、背後には母よしのさんが、いつも見守っていてくださるのを感じました。わたしは二〇〇話を超す、すばらしい民話を正子さんから語ってもらったのでした。

その語りはわたし一人を相手にする時も、百人の聴衆を前に語る時も、淡々としていつもまったく同じだったことが忘れられません。

五　一つの根から二つの花が咲く

外出の母恋しくて板の間の隅に夕べに泣きし日のあり　　正子

これは正子さんの一首です。

正子さんがどんなにお母さんっ子で、その背中にしがみつくようにして子ども時代を過ごされたかをしのばせる一首です。母よしのさんの作業場でもあった板の間の隅で、泣きながら母を待つ幼い日の正子さんの姿がうかんできます。

正子さんの父正松さんと母よしのさんのあいだには六人の子どもが生まれました。三男三女で、正子さんは下から二番目で大正十五（一九二六）年生まれです。正子さんの下にもう一人弟さんがおられます。二人の姉と二人の兄、そして五歳違いで「忘れた頃に生まれたの」という正子さんと弟さんでしたから、みんなにかわいがられて、気ままにのんびりと育ったということです。

そして、正子さんが泣きながら母の帰りを待ったという「板の間」は、民話を聞く大切な場所だったと言います。そこには炬燵があって、まだ電気が来ていなくてランプの灯りだったそうです。

昭和二十年頃まで電気がなくてランプだったったの。時計はおてんとうさま。

そういう暮らしの中で、一番の楽しみは、母の昔話を聞くことだったの。夕飯がすむとかならず、「かあちゃん。むがす」とねだるのね。そうすると、「さあ、今夜はなに語んべな」といって、次から次とおもしろい昔話を語ってくれたの。

みんながねだるからっていうだけでなくてね、母は語ることがとっても好きだったって気がする。

そういう母だったの。

民話をよく知っていたというだけでなく、それを語ることも好きだったという止子さんの母よしのさんは、その母よふさんから民話を聞いて育ったということです。

明治元年生まれのよふさんから、民話を聞いて育ったというもう一人のすぐれた語り手、それは永浦誠喜さんでした。この方も宮城県を代表する民話の語り手です。永浦誠喜さんについては、次の章で述べますが、正子さんと誠喜さんの民話語りの根は、よふさんで、農村の片隅で生まれ育ち、嫁ぎ、そこから一歩も出たことのないという語り手でした。

永浦誠喜さんは、正子さんが住む旧登米郡迫町に隣接する南方町で、永浦家の家督息子として生まれた方です。戸籍上はよふさんの孫ということになりますが、実はよふさんは四十過ぎてから永浦家に後妻に入られた方で、誠喜さんと血の繋がりはありませんでした。

よふさんが後妻に入った時、すでに家督を継いでいた長男夫婦に二人の子どもがいて、その子たちはよふさんにとっては孫という関係になります。その孫たちに、よふさんは暇があると民話を語られたということです。

後妻に入った婚家先へ早く溶け込みたいと思う気持ちからだったのかもしれません。かまどの前で火を焚きながら、また、囲炉裏端で繕物をしながら、その孫たちに民話を語られたと言います。そして、その孫の一人が永浦誠喜さんでした。

よふさんは若い日に結婚した夫を亡くして、しばらくは実家に帰って過ごされていたのですが、望まれて永浦家に後添えとして嫁がれたのでした。そのとき、先夫とのあいだに生まれた娘を実家に残してきたといい、それが正子さんの母よしのさんだったのです。正子さんにとっては血の繋がる祖母よふさんですが、正子さんはよふさんから民話を聞いたことはないと言われました。正子さんが生まれる一年前に、よふさんは後妻にはいった永浦家で、五十六歳の生涯を閉じられていたからです。

ですから、血の繋がりはありませんが、明治四十二（一九〇九）年生まれの誠喜さんと、大きくなって嫁がれたよしのさんの三女として大正十五（一九二六）年に生まれた正子さんは、十七歳も年齢の離れた従兄妹という関係になります。

そういうことを少しも知らないで、わたしは、ずっと以前から永浦誠喜さんのもとへ通って、その語りを聞いて記録させてもらっていましたが、誠喜さんと正子さんの関係を知ってから、語りの「根」は一つながら、お二人の語りの背後に感じられる微妙な相違に興味を抱くようになりました。

つまり、こういうことです。

再婚した永浦家の、いわば義理の家督孫に対して語られたよふさんの語りと、実家に残してきた末娘よしのさんに語られ、それを受け継いだ正子さんの語りのあいだにある微妙な違いです。「根」は一つでも、話たちはその暮らしの背景を映し出して、それぞれの展開の違いをみせていたのでした。家を継ぐべき家督の男孫へと向けられた義理の祖母の語り、そして、いずれ他家へ嫁ぎ、子を持つであろう実の娘への思いに満ちた母の語り、ともに心に響くものがありました。

ふしぎなご縁で永浦さんとも正子さんともそれぞれに近づいて、親しく民話を聞かせていただくことになったわたしは、永浦さんの語りを三〇〇話ちかく、そして正子さんの語り二〇〇話あまりを聞いて記録するというしあわせに恵まれました。

そして、日本を代表すると言ってもいい、いや、世界にも類を見ないと言ってもいいこの二人の語り手の姿を多くの方と共有したいと切に願いました。同じ民話をそれぞれに語りながら、それぞれの来し方を映し出して、生命ある民話が変容する姿を味わってほしいと願いました。

それで、みやぎ民話の会が、夏に開いている「民話の学校」に、お二人をお招きして、同じ主題の民話を、それぞれに語っていただく場をつくりました。

平成十五（二〇〇三）年夏のことでした。

一五〇名ほどの参加者を前にして、とつとつとして飾らず、しかし朗々と声をひびかせて、互いを見てほほえみながら語り合うお二人の姿は今も目に残っています。聞き手をつとめたわたしは、このような題を掲げています。

『一つの語りから二つの語りへ　第三回みやぎ民話の学校「語りを聴く３」』

この貴重な記録は、のちに雑誌『聴く語る創る』十一号（日本民話の会、二〇〇四年）に掲載しましたが、生命をもって変容する語りを映し出したそれは、民話に興味を持つ何人かの人たちから深い眼差しを持って迎えられました。

当日、お二人に語ってもらった民話の中から、一番短い、しかも艶話に近い一話「ケヤキ買い」を、ここに書いてみます。

次第に家の中の権威を失っていく老夫婦が、代々守ってきたケヤキが売られていく際の、ある種の「あがき」とでも言うべきものが、絶えざるエネルギーを象徴するかのような性器の登場とともにユーモアをたたえて語られています。

伊藤正子さんの「ケヤキ買い」

むかぁし、むかし。

おずんつぁんとおばんつぁんが住んでらったんだと。

その家にね、庭のすまっこに大きなケヤキの木があったんだと。とってもいいケヤキでね、

「このケヤキ売ってけねぇが」

って来る人が、何人もいたんだと。

ところが、おずんつぁんがね、

「なぁに、このケヤキ売んねぇだって、銭(じぇに)っこも不自由ねぇんだし、まだ売んねぇだっていいちゃ。売んねぇ。売んねぇ」

って、なんぼ買う人が来ても売る気がなかったんだと。

んだげっとも、そのうちだんだんと年とってしまって、おずんつぁん、さっぱり耳が聞けぇなくなってしまったんだと。

ある時、二人の男たちが来て、おずんつぁんさ語ったって耳が聞こえねぇから、おばんつぁんが相手していたんだと。いろいろと語ってたが、おずんつぁん、さっぱり聞こえないから、おばんつぁんさ聞いたんだと。

「ばんさまや。あの人たちは何しに来たのや」

そしたら、おばんつぁんが、おずんつぁんの股（まった）をば、ぐっと広げて、そこさ手ぇ入れて、毛っこ一本抜いて、そいつを炉端の火さくべたんだと。

したら、ぽっと燃えたんだと。そいつ見て、おずんつぁん、

「ああ、ケヤキ（毛焼き）買いさ来たのか。んで、なんぼで買うってや」

って言ったんだと。

したっけぇ、おばんつぁん、今度ぁ、自分の股をば、いきなり広げて、ぱたっ、ぱたっと二回叩いたと。

「ああ、二マン（マンは女性器のこと）か。二万では安いっちゃ。いままで大きくして二万円では安い、安い」

そしたら、おばんつぁん、今度はいきなり股を広げて指さしたんだと。そしたら、おずんつぁん、

「なにぃ、中さ穴空いてらって、空洞（くず）では仕方ねぇ。ほんだら二万で売れっちゃや」

って、そのケヤキ二万円で売ったんだとや。

こんで　えんつこもんつこ　さげした

永浦誠喜さんの「ケヤキ買い」

むがし。ある家の門口(もんくち)に太いケヤキの木があったんだと。

そこの家には年取ったおずんつぁんとおばんつぁんといたが、もうなにも仕事しなぐなったから、旦那殿（戸主）は息子さ譲って、おずんつぁんとおばんつぁんは、寒い時は、火さ当たって、火ぃどんどん焚いて、当たってばりいたんだと。

あるどき、どこかからお客さん来て、今は旦那殿になってる息子が案内して、お客さんを外さ連れていって、そして、また戻ってきたんだと。それから、金、置いて、お客さん、帰ったんだと。

おずんつぁんは耳が聞けなくなって、なんぼ高声しても、さっぱり聞けなくなってしまったんで、おばんつぁんがいろんな動作して、通訳やってらったんだと。

「今、来たのは、ばば、どこの人達(ひだつ)だ」

おばんつぁんは考えたすぇに、囲炉裏の隅にあった火打石ば手にとって、そして、こっちの手でくるくると回したんだと。

「なに、ああ、石巻の人か。そんで、なにしさ来たんだ、あれや」

おばんつぁん、自分の髪の毛を抜いて、火の燃えてる囲炉裏さ入れたんだと。

「ああ、ケヤキ（毛焼き）買いに来たのか。んで、金、なんぼ置いていったっけや。なんぼで売ったもんだか」

おずんつぁんが聞いたれば、おばんつぁん、おずんつぁんの股《まった》さ手ぇ入れて、おずんつぁんの品物（性器）を掴んで、二回持ちあげたと。

「なに、金《きん》二両か。あのぐれえのケヤキ、安かったべや」

したれば、おばんつぁん、お尻まくって、おずんつぁんの前さ出したと。

「ああ、空洞《くず》（口）あって、穴空いてたか。そんで、はぁ、仕様《しゃ》ねえなあ」

って、おずんつぁんも納得したんだと。

そういう話でがす。

えんつこもんつこ　さけた

「二人語り」をしていただいた翌年の秋に、永浦誠喜さんは亡くなりました。そして、その十年あまり後、平成二十八（二〇一六）年に正子さんも亡くなりました。

誠喜さんと正子さんの祖母であったよふさん、さらにその向こうの無数の先祖から受けついだ民話を語り続けた誠喜さんと正子さんが残してくださった大きな足跡になりました。
縁もゆかりもない訪れ人のわたしを相手にして、いつも全身で応えてくださったお二人を思い出すたび、わたしはこみ上げるものを抑えることができないのです。

六　正子さんが嫁ぐ日まで

幼き日夜毎に聞きし昔話母の温もり永遠に消えざり　　正子

民話は祖父母が孫に語るという姿で伝承されることが多いのですが、正子さんの語りは母よしのさんからの伝承であることは先にも述べました。そして、よしのさんの語りはその母よふさんから引き継いだ民話でした。母から娘へ伝えられる民話にはひとつの特徴があるのを感じます。

正子さんのそれだけではなく、「母」から聞いたと言われる語りは、いつも無駄がなく少し息せき切っているような気配があるのを感じます。
正子さんが「夜毎に聞きし」という母の語りもまた、母の労働をともなっていました。

夏は聞かせられたことがないの。昼も語らないの。秋から春までの夜、語るの。

母の手はいっつもいっつも動いていたのが目に浮かぶね。縫物したり、柿の皮むきしたり、縄ないしたり……いっつもなにかしていたのね。

わたしは十七歳で嫁にいくまで、ずっと母の昔話を聞いていたって気がするの。

子どもの頃はもちろんだけど、年齢が上の兄たちの子どもが生まれたでしょう。母にとっては孫ね。その孫に母が語るのも、わたし、そばで聞いていたの。いまみたいに個室なんてないでしょう。だから、母が孫に語る声が聞こえるのね。勉強よりも母の昔話のほうがおもしろくておもしろくて……。

正子さんは小学校を卒業すると、昭和十六（一九四一）年に佐沼の実践女学校へ進まれました。そこは和裁と洋裁が中心の学校でしたが、黙って手を動かす作業が中心のこの学校は、正子さんにとってうれしいものだったそうです。

でも、そうした作業はいつまでも続かなくて、その年の十二月には、日本は太平洋戦争に突入したので、正子さんの女学校生活は戦争にそっくり重なることになりました。

学校の授業は次第になくなって、男手が少なくなった農作業に駆り出されるようになります。夏の麦刈り、秋の稲刈り、豆引きなど、勤労奉仕の日が続きました。

そして、昭和十九年、卒業と同時に結婚が待っていました。友人の多くは軍需工場へと徴用されるなか、正子さんは三月八日に学校を卒業し、一カ月後の四月五日に嫁がれました。十七歳と十カ月の若いお嫁さんでした。

花婿は隣家の伊藤正男さんでした。その花婿正男さんも、結婚式を挙げて五カ月後には出征されて故郷を離れて入隊されました。

正子さんの結婚式の日のことを、正子さんから聞きましたが、それは戦争を背景にした心にしみる悲しくもおかしいエピソードとして忘れられません。

わたしの婚礼のときね、親戚の若い者二人に召集令状が来てだったのね。

一人は義理の姉に当たる人の旦那でね、もう一人は沼の向こうに住む叔父でね、この二人は、間もなく出征することになっていたの。

んで、わたしの婚礼の夜は、その人たちの出征祝いも兼ねていたのね。

だけど、義理の姉に当たる人の旦那はね、中二階の部屋にこもっていて披露宴にもなにも顔を出さなかったの。そして、この人は戦死して骨になって帰ってきたの。

そして、沼の向こうの叔父は、おとなしい人で歌ったことも踊ったこともない人だったのに、その夜は、なんのかんの歌って踊って騒いでね。みんなびっくりしたけんどね、この人は生きて帰ってきたよ。

その日は、正子さんの婚礼と二人の若者の出征祝いとを兼ねて、親類縁者がたくさん集まりました。それで、当時としてはめずらしいことだったと言いますが、近くの町から写真屋を頼んで集合写真を撮ったそうです。

みんなが身を乗り出すようにして写っているその日の写真を見せてもらいましたが、花婿の正男さんは見えましたが、花嫁の正子さんがどこにも写っていませんでした。

あの頃、写真屋を頼むってことなんか、まず、なかったからね。縁側に集まってみんなで撮ったのに、あとで見るとわたしが入っていないの。わたしは、みんなが並んだ後ろに座ったのを覚えているんだけど、主人のほうは前に出てちゃんと入っているのに、わたしは人の陰になってて、その写真に入っていないの。わたしの婚礼の写真なのに。ちゃんと高島田結ってもらって花嫁衣裳着てだったのに、写ってないの。

戦争のただ中、昭和十九年の正子さんの婚礼の様子がしのばれます。召集令状が来ていた二人の身内のうち一人は婚礼の宴にも顔を見せず、部屋に引きこもり、もう一人はふだんはおとなしい人なのに歌って踊って大はしゃぎしていた――そして、一人は帰らぬ人となり、もう一人は無事に生還したというのです。故郷を離れて戦地に向かう時の、対照的な二人の姿が語られて胸がつまります。

また、戦争中ということだけでなくて、写真屋を呼んで集合写真を撮るべく縁側に並んだ人たちは、花嫁が陰に隠れていることに気づかないほど、「撮られる自分」に真剣に向き合っていたのかもしれません。みんなの後ろに隠れてじっと座っていた正子さんの初々しい花嫁姿を想像すると、なんともいえないおかしくもあたたかい情景に心がなごみます。

七　嫁いでからの正子さん

奉納米作りて五年一畝の田に注連縄（しめなわ）張り手植え手刈りす　正子

昭和二十年の秋、夫正男さんは無事に帰ってこられました。

嫁いで、夫の正男さんが留守のあいだに、幼い嫁の正子さんは慣れない農作業に明け暮れる毎日だったと言います。正子さんの実家も農家でしたが、兄も二人、姉も二人いて、やさしい両親に囲まれての五人目に生まれた正子さんだったので、あまり農作業を手伝うこともなくそれまでを過ごしてきたそうです。

正子さんが嫁いだ隣家の伊藤家は、若夫婦、正男さんの両親、その上に祖父母という家族構成でした。正子さんに農業を教えたのは大舅で、手取り足取りやさしく農作業の手ほどきをしてもらったそうです。

田植えが終わると草刈り。これも、嫁にいってから初めてやったの。

朝ご飯前に、草を大きく丸めて六把刈る、これが朝ご飯前の仕事だったの。

「明日から草刈りだぞ」

って言われて、鎌、砥石、研水（とぎみず）入れをよこさるの。

それで、ケラ（藁で編んだ露よけの上着）を着て、言われた場所へ草刈りにいくの。そこへおじいさん（大舅）が来て、教えてくれたの。

鎌はこうして研ぐ。草はこうして刈る。刈り方は、片刈り、寄せ刈り。繋ぎの上にはこうして置く。

丸めるのはこうして丸める。

とにかく、ひと朝、そばにいて教えられたの。なんぼ雨降ったって、牛も馬も草を食うのだから休めないの、草刈りは。

なにもできなかったという正子さんのことを気にかけて、おじいさんは農業の基本を丁寧に教えられたことがわかります。それは家畜のための草刈りだけではありませんでした。

畑だって、なにもわからなくたって連れていかれるからね。そうすると、おじいさんがそばに来て、鍬の使い方から手順から、みんな教えてくれてね。これは掴み刈り、これは引き刈りというように、すべてのことを教えてくれたのね。

こうして、正子さんは農家の嫁として次第に一人前の仕事ができるようになったそうですが、そのあいだにも、昭和二十一（一九四六）年には長女の敬子さんが、二年後には次女の京子さんが生まれます。さらに二年後には三女の英子さんが生まれ、さらに三年後には長男の正俊さんが誕生し、あっという間に四人の子どもの母親になられました。

しかし、育児はもっぱら姑にまかせて、正子さんは田んぼ仕事、畑仕事の毎日でした。ただ、冬場になると家内仕事が多くなって、長屋（作業場）で藁仕事をしながら、子どもたちに昔話を聞かせたそうです。ここにも、正子さんの「母の語り」の姿をみることができます。

こうして、子どもたちに仕事の合間を縫って語ってきた民話が、正子さんのその後の暮らしを大きく変えることになりました。

それは前にも述べましたが、高校生に成長した次女の京子さんの宿題を手伝って、母の正子さんが記憶する民話をノートに書き出すという営みを生み、それが民話採集者の佐々木徳夫氏の手にわたり、氏の編著書に掲載されることになったのでした。

これをきっかけにして、正子さんは民話を思い出しては書き留めるという作業に身を傾けていかれたのでした。そして、公民館の広報に、書いた民話を投稿したことをきっかけにして、今度は公民館から正子さんの語り七十余話を収めた最初の民話集が世に送り出されることになり、この民話集によって、伊藤正子というすぐれた民話の語り手の存在が世に知られていったのでした。それは、正子さんを「文字」の世界にだけ置くことを拒んで、「声」によって民話を語るという営みへと押し上げていったのです。

そして、小学校や老人会など集団の前で、正子さんは語り始められ、さらに「膝をつき合わせて」一人の人間に語るという行為も実行してくださるようになったのでした。

あんたたちが初めて来た時、京子が死んで間もなくだったから、とても民話を語れないと思っていたけど、せっかく来てくれた人だと思って、悲しい話とおもしろい話、二つしたのね。でも、二つばり語っただけで帰ってもらったのが申し訳ないような気がして、あとでテープに吹き込んで、それを送ったよね。

なんていうか、死んだ京子がわたしに語らせたような、おかしいけど、そんな気がしてね、あのあと、ずっと語るようになったの。

正子さんの民話を世に出すきっかけをつくったのが京子さんでしたが、先に逝く不孝を詫びるように、母正子さんの胸に「民話」の灯火を灯していかれたのではないかと思います。しかし、京子さんが残したのはそれだけではありませんでした。

京子が病気になって、看病のために一年間東京へ行ったの。子どもたちもまだ小さかったからね。京子が亡くなってこちらへ戻ってきたら、農協婦人部の部長を頼まれたの。こういう仕事は得手でないけど、思いきって引き受けたの。京子が死んで、いろいろと心の中が変わったような気もしてるのね……。

京子さんの話になると、いつも涙を流された正子さんですが、まさかの逆縁で我が子を先に旅立たせた深い悲しみが、正子さんの人生をどこかで飛躍させたのではないかと思います。

かつては、「こんにちは」の挨拶をすることも苦痛だったという引っ込み思案の正子さんでした。農家へ嫁いでも、牛もろくに扱えず、草刈りも種まきもできなかった正子さんでした。その人がいまその人柄と誠実な仕事によって地域の人望を集めて、農協婦人部の部長を務めるようになられたのです。その背後には母よしのさんから聞いた民話がいつも大きな支えとして正子さんを、外へ外へとうながす力になっていたように思います。

時の流れは移り変わっても、民話の命は永遠に母と娘を結んで、脈々と語り継がれていくにちがいありません。

わたしは正子さんから聞いた二〇〇話あまりの民話から、一一三話を選んで、『「母の昔話」を語りつぐ登米郡迫町新田の民話』と題して、四〇〇ページを超す一冊にまとめました。みやぎ民話の会叢書の一冊に加えて世に問うたのでした。平成十二（二〇〇〇）年のことでした。

八　甦り続ける「母の語り」

こうして、正子さんが、お母さんから受け継いで語り続けてこられた民話を一冊にまとめてからも、折あるごとに、正子さんを引っ張り出して、その素朴で中身の濃い語りを聞かせてもらう機会を設けてきました。

最後に、正子さんの三女英子さんのことを書かせてもらいます。英子さんは、ここ東北の小さな集落から、縁あって飛騨の地である岐阜県高山市に嫁がれていました。そこは、仙台へ嫁いでから片時も忘れたことのないわたしの在所でした。生まれ故郷でした。少し前に、その故郷高山市からの招待で講演に行きました。

わたしは東北の民話について話したのですが、そこに英子さんが来ておられました。一番前の席に座って、わたしのほうをじっと見ておられました。一目で英子さんだということがわかりました。なぜなら、正子さんにそっくりなのです。正子さんがそこにおられるのかと思いました。

故郷を離れてから久しく、はるか東北の地で民話を訪ねる旅を重ね、そこで得たものを持って故郷の人たちの前に立ったのです。そうしたら、正子さんの娘の英子さんが、まるで正子さんのようにそこに座っておられたのです。なぜかどっと涙が溢れました。

人の命は地中深く根を張って、どこかでしっかりと繋がっているのだという思いに駆られました。民話は、いま生きているわたしたちの、その先を生き抜いた無数の母たちが、その喜びと悲しみを込めて遺した「母のことば」なのだということを、しみじみと感じた瞬間でもありました。

栗こ姫こ

むがぁし、むがし。

あっとこに、おずんつぁんとおばんつぁんが二人で暮らしていたんだと。

ある日のこと、おずんつぁんが、

「栗こ団子でもして食いでっちゃなぁ。山さ行って、栗こ拾ってくっからやあ」

って、山さ出はって行ったんだと。

山さ行ったら、誰かが拾ったあとだかなんだか、さっぱり栗こ落ちてねがったんだと。

「今日はさっぱり落ちてねえから、また、あとで来(こ)んべ」

独り言しながら、帰るべとしたら、上のほうから、ポロンと一つ、小（ちっ）ちぇ栗こおちてきて、おずんぁんの篭の中さ、とっぽんと入ったんだと。

　おずんつぁんは、たった一つの栗こ拾って家さ帰ってきたつぉん。

「やあや、ばんさまや。ばんさまや。いま来た。今日は栗こ、さっぱりねがったやあ。たった一つばり拾ってきたや」

って、篭から出したんだと。

　したら、その栗こ、ぱかっと割れて、中から、めんこい女子童（おなごわらす）出はってきたんだと。

「やあや、これはめんこい童だ。これは神さまからの授かりもんだべ」

って、さあ、二人は喜んで、その童に「栗こ姫こ」と名前つけて、うんと大事に育てたんだと。

　栗こ姫こはだんだん大きくなって、とってもきれえな娘になったつぉ。

　そしたら、村の長者の家の息子から、

「栗こ姫こを、おれの嫁ごに呉（け）でけらいん」

って、来たんだと。欲しい、欲しいって、うんと責められてたんで、とうとう栗こ姫こを嫁にけることにしたんだと。

　そして、祝言の日も近くなって、おずんつぁんとおばんつぁんは、嫁支度をそろえに町さ買い物に出かけて行ったんだって。

　栗こ姫こは、一人で留守居してだったつぉ。

　そしたら、そこさ、栗こ姫こどこ、うんと妬んでいた山姥が、隣りの娘に化けて来たんだと。

とん　とん、とん　とん　とん　とん

戸を叩いて、

「栗こ姫こ。栗こ姫こ。山さ遊びに行がねぇがあ」

って語ったつぉんな。

栗こ姫こは、てっきり隣りの娘だと思ったから、

「うん。行ぐから。行ぐから」

って、喜んで、二人で山さ行ったつぉん。

そうして、山の中まで来たれば、山姥、正体見せて栗こ姫この着物（いしょう）、ぜんぶ脱がせて、自分がそれを着て、栗こ姫こに化けてしまったつぉ。そして、栗こ姫こを裸のまんま、山さぶん投げて、自分ばり家さ帰ってきて、いっつも栗こ姫こがしてるように、機織りしてたつぉ。

おずんつぁんとおばんつぁん、さっぱりそれに気づかねえで、毎日過ごしていたんだと。

そして、さあ、いよいよ祝言の日になったんだと。

栗こ姫こに化けた山姥が、嫁ごになって、長者の家さ行くことになったんだと。

婿どのが迎えに来て、山姥、赤い塗り掛け馬っこ（鞍の両脇に赤い葛籠をつけた馬）に乗って、行ったたんだと。

そして、途中まで行ったれば、鳶（とうび）がさっと飛んできて、

　　栗こ姫この塗り掛けさ

山姥ぁが乗った　山姥ぁが乗った
ぴーひょろろ　ぴーひょろろ

その拍子に、化けの皮剥がれて、もとの山姥の姿かたちになってしまったつぉん。さあ、山姥はあわてて、とろぐさっぽう(おおいそぎで)山の中さ逃げたんだと。

そしたら、婿どののどこさ、鳶がさっと飛んできて、

栗こ姫こが　あっちの山で泣いている
栗こ姫こが　あっちの山で泣いている
ぴーひょろろ　ぴーひょろろ

って鳴いたんだと。

婿どの、なじょなことになってのかと思って、山さ走(はしえ)でいってみたれば、栗こ姫こが裸にされて、木の下で、おいおい泣いていたんだと。

「あらら。こいなどこさ連れてこらったのか。いま、助けっからな」

婿どのは、栗こ姫こを助けてね、山から下りてきたんだと。

そして、栗こ姫こは、長者の家さ嫁いでいって、そのあとずっと、しあわせに暮らしたんだっけどしゃ。

さいしんへら

むかぁし、むかし。

あっとこに、さっぱり流行(はや)らんねぇ神主(しんと)さまいたったんだと。

安産のお札欲しいっつ人もねぇし、地鎮祭たのみにくる人もねぇし、誰もなにもたのみに来ねぇので、うんと貧乏だったんだと。

「さあ、これでは、おれもどうして生きていったらいいかわがんねぇ」

って言うんで、神様さ願掛けしたんだと。七日七晩の願掛けしたんだと。

「神様。神様。なんとか流行るようにしてくだされ」

って、拝んでいたら、七日目の満願の日に、神様が夢枕に立ったんだと。そして、

「お前に、赤いへらと黒いへらを渡す。赤いへらで他人の尻(けつ)撫でると、尻が鳴り出す。黒いへらで撫でると、それが止まる。だけどもなぁ、むやみに使ってはだめだぞ」

って言われたんだと。

神主さま、パッと目が覚めたんだと。そしたら、枕元に、本当に赤いへらと黒いへらがあったんだと。

さあ、神主さま、喜んで、そのへらをつくづく眺めたんだと。

「さて、このへらを、いつ、どうして使ったらいいかなぁ」

って、毎日毎日、考えてらったんだと。

「他人(ひと)にわかられたら、これは大変だ。わかられないように尻を撫でるにはどうしたらいいだろうか。それに、貧乏人の尻を撫でたってお金にならないし、どうせなら、金持ちの人の尻でないとだめだな」

って、いろいろと考えたけっども、他人の尻を撫でるということは、むずかしくて、どうにもならなかったとな。

そうしてるうちに春になって、お花見の節になって、さあ、村中で、夜桜見物してだったんだと。酒も肴も持っていって、飲めや歌えやで大騒ぎしてらったんだと。

そこに、村一番の金持ちの奥さんもいたったんだね。酒っこ飲んで、ぐでんぐでんに酔っぱらってしまったんだと。

そしたら、その奥さんが、小便に立ったんだっつぉ。

真っ暗だし、小便、草むらですんのだからね。神主さまは、そっと奥さんの後ろさついていったれば、その奥さん、草むらで着物、ぐるぐるっとひったぐって、小便、じゃーっとたれたんだと。

さあ、神主さまは、「この時だ」と思って、赤いへらを持って、しずかーに、しずかーに近寄って、奥さんの尻をさっと撫でたんだと。

さあ、少ししたら、奥さんの尻が、うたうように鳴り出したんだと。

ふる道　ふる坂　ふる街道の坂々で
さいしんへらで　撫でられた
そーれで　尻が　鳴ぁーるぞや
ひょーうろんこ　ひょうろんこ

ふる道　ふる坂　ふる街道の坂々で
さいしんへらで　撫でられた
そーれで　尻が　鳴ぁーるぞや
ひょーうろんこ　ひょうろんこ

それが、いつまでたっても鳴ってるんだと。

さあ、奥さんは、飲んだ酒っこもなにもすっかり醒めてしまって、はぁ、大騒ぎになったんだと。

「それ、あっちの医者呼んでこう。こっちの医者呼んでこう」

って、なんぼいい医者呼んできたって、鳴り止まねんだと。

「そんでは、お祓(はら)いしてもらうべし」

つうことになって、あっちの神主さま、こっちの神主さまに拝んでもらったけんども、さっぱり止まんねかったと。

「これは困ったなあ。まぁず、頼んでねえのは、あの流行らず神主ひとりだ。治るわけもねえが、頼んでみろや」

ってことになって、頼みさ行ったんだと。神主さまは、

「ああ、やっと来たな」

って、喜んで、その村一番の金持ちの家に行ったんだと。そして、

「みんな、ちょっと離れていてけらいん」

って語って、奥の座敷に奥さんと二人になって、外さ聞こえるような高い声を出して、いっしょけんめに祝詞を上げたんだと。

祓えたまえ　浄めたまえ
かしこみ　かしこみ　申す
奥さまの尻鳴るのが　治りますように
祓えたまえ　浄めたまえ

そうして、最後に、黒いへらで、奥さんの尻をさっと撫でたんだと。

そしたら、ひたっと止まったんだと。さあ、喜んだ、喜んだ。みんなに喜ばれて、

「これはたいした神主さまだ」

って、お膳に、どっさりの銭っこもらったんだと。

神主さまは、これも神さまのおかげって、うんと喜んだんだと。

〈んでもなぁ、たった一回では惜しいちゃなぁ。もう一回だけ撫でてみんべ。よし、今度は人でねくて馬っこの尻撫でてみっかなぁ。それもなぁ、少し遠くのほうの家の馬っこでねぐてはだめだ〉と思ったんだと。

それで、夜おそくなってから、隣り村で一番の金持ちの家さ行って、その家で一番いい馬っこの尻を赤いへらで、さっと撫でたんだと。

さあ、馬っこの尻が鳴りだしたんだと。

ふる道　ふる坂　ふる街道の坂々で
さいしんへらで　撫でられた
そーれで　尻が　鳴ぁーるぞや
ひょーうろんこ　ひょうろんこ

馬っこの尻が鳴り出したと。馬っこはびっくりして、馬屋の中で暴れる暴れる。大騒ぎになったんだとな。その家でも、

「あっちの獣医を呼んでこい。こっちの獣医を呼んでこい」

って、いろいろとやってみたけっども、さっぱり駄目だったんだと。

したら、風の便りで、

「隣村の一番の金持ちの奥さんも、尻鳴って、いろいろやってみたげっとも駄目で、あの流行らず

神主たのんだれば、治ったたんだと」

つうことが聞こえてきたんだと。

「そんでは、たのんでみろや」

となって、お使いが来たんだと。

「よしよし。来たな」

神主さまは、黒いへらを持って出かけたんだと。

して、馬屋の中で、いっしょけんめに祝詞を上げて拝んでから、黒いへらで、馬の尻をさっと撫でたんだと。したら、ぴたっと止まったと。

「これは、たいしたもんだ。たいした祈祷だ」

ってことになって、また、お膳いっぺえの銭っこをもらったんだと。

けんども、神主さまは、

「あとなぁ、これ以上使ったんでは、ばれてしまう。これを持っていると、使いたくなるから、あぶねえ」

って、その赤いへらと黒いへらとを、川さ流してやったんだと。

それからは、その神主さまはうんと流行るようになったんだどっしゃ。

えんつこもんつこ　さげした

第八章

永浦誠喜さん

生涯を農民として生き抜く

一　初めての出会い

一人で民話を訪ねて歩こう――そんなことをぼんやりと考え始めたのは、仙台市在住の作家や詩人や画家が集まって結成された「みやぎ民話絵本をつくる会」に参加したのがきっかけでした。

民話についてとくに興味があったわけでもなく、ほとんどなにも知らないといってよかったのですが、もともと子どもの本や文化にかかわる仕事がしたいと考えていたので、当時、すでに三人の子を持つ主婦のわたくしでしたが、「絵本をつくる」という言葉に惹かれて参加したのでした。

そして、民話の絵本の文章を書くからには、地元で語られている民話をじかに聞いてみたいと願い、一人の語り手のもとへ連れていってもらったのが、民話とわたしをつなぐ深い縁になったのです。

それは昭和四十四（一九六九）年のことでした。

わたしは初めて土地の語り手から民話を聞くことになりました。お目にかかったのは、県内でも指折りの語り手としてすでにその名が知られていた登米郡（とめぐん）南方町（みなみかたまち）青島屋敷（あおしまやしき）（現在の登米市）にお住まいの永浦誠喜さんでした。

明治四十二（一九〇九）年生まれで、ずっと農業で生きてこられた方でしたが、当時、できたばかりの公民館の館長も務めておられ、館長室に当てられた役場の一室で、わたしは初めて永浦さんから民話を語ってもらったのでした。その日のことは忘れられません。

土地の言葉でとつとつと語られた民話は、宮城県を故郷としない異郷生まれのわたしには、正直に言えば半分ほどしかわからなかったのですが、語りの合間に聞いたさまざまな話だけは心に残っています。

　同じ昔話をくり返しくり返し聞くんだけっども、飽きるっつうことは、ひとつもねぇの。それどころか、「もっと聞かせろ。もっと聞かせろ」とせっついて、お祖母さんを困らせたのしゃ。まっこと、おもしぇくて、おもしぇくて、ずっと聞いていたくってやあ……。

　永浦さんは目を輝かせて、民話を聞いた幼い日に思いを馳せて話してくださいました。暮らしそのものは厳しかったけれども、子どもたちはどんなに豊かな物語の世界を享受していたか、その喜びを語られたのでした。

　そして、わたしの的外れな質問にも、やさしく深い眼差しをむけて答えてくださったばかりでなく、しばらくすると、鉛筆で原稿用紙に書いた民話を送ってくださったのです。

　なにもわかっていないわたしを案じられたのでしょうか、絵本にしたいのなら、まだあまり人に知られていない、そして、子どものためにもなるのではないかと添え書きして、「犬の恩返し」という一話を書いて送ってくださったのでした。忘れられない出来事です。

　この出会いがあって、これまで少しも知らなかった土着の「民話」と、それを語る土地の「語り手」のことをもっと知りたいという思いが募って、無手勝流でしたが、一人で旅に出るようになりました。ここと決めた土地へ出かけて、一軒一軒と訪ね歩いて民話の施しをもらうという、まことにとりとめのない、たよりない方法でしたが、この土地に一人として知る人がいないわたしにとっては、これしか方法がありませんでした。岐阜県高山市に生まれ、そこで高校を出るとすぐに東京の大学へ進学し、卒業とほとんど同時に結婚して仙台に住むようになったので、この土地のことについてはまったく知らなかったのでした。友だちも、これという親戚も誰一人いませんでした。

そんなわたしが、いま思えば無謀ともいえる「民話探し」の旅に出たのでした。こうして、たどたどしい旅を続けるうちに、「絵本」をつくることは頭から消えてしまいました。というよりは、「絵本」の文章を書くには、あまりに民話について、この土地について、無知蒙昧であった自分を、事あるごとに知らされたのでした。

二　出会いから五年が経っての再会

ただ一人知り合った語り手である永浦さんのもとへは、口承文芸の専門家が全国から足を運んでおられることを知りました。外国からわざわざ訪ねてきた研究者があったことも、あとで知りました。

そんなに名のある語り手のもとへ、わたしのような者がうかがうのは失礼ではないかとためらわれて、なかなか足が向きませんでした。そうこうしているうちに、五年の月日が経ってしまいました。

そして昭和五十（一九七五）年、今度は一冊の本に集大成された永浦さんの語りに出会うことになったのです。宮城県の民話の採集を長く続けてこられた佐々木徳夫氏によってまとめられた『永浦誠喜翁の昔話宮城』（稲田浩二監修、日本放送出版協会）でした。「日本の昔話」と銘打ったこのシリーズの中でも、宮城県のこの一冊は質・量とも出色だと思いながら手にとり、むさぼるように読みました。

この本の「はしがき」で、佐々木徳夫氏は次のように書いておられました。

「本集には永浦翁の管理している二七五話のうち、一七五話を収録した。紙数の制限やその他の事情で割愛した話も少なくない」

わたしは、「永浦翁の管理する」と佐々木氏が言われる二七五話という民話の数の多さに驚嘆し、同時に本から「割愛」されたという一〇〇話を、いつか永浦さんからお聞きしたいものだと強く願うようになりました。別の言い方をすれば、本のページからこぼれ落ちた民話も、外の世界を求めて声を上げているように思ったのでした。そして、簡潔に要約されているかに見える、この書物の「語り」の背後にあるものすべてを知りたいと思いました。

その願いが叶って、それを永浦さんからお聞きする機会が到来したのは、昭和六十（一九八五）年のことでした。出会いの日から十五年が経っていました。

わたしはその後もずっと一人で歩き続けていましたが、「一緒に歩きたい」と言って集まってきた学生や若い小学校教師などがありました。それが総勢六名になったときに、「みやぎ民話の会」という小さなサークルを立ち上げ、一緒に民話を求めて歩き、聞いてきた民話を紹介する「会報」などの発行もするようになっていました。

そんな折に宮城県教育委員会によって、県内民話伝承調査が企画され、わたしたち「みやぎ民話の会」がその事業を委託されるという思いがけない出来事が起きたのです。

「調査責任者」として、わたしが指名されていました。晴天の霹靂でした。その「調査」というのは、全県にわたって、現存する語り手から民話を聞いて記録するという大事業で、期間は三年間だと言います。あとで知ることになりますが、労多くして報われることの少ないこの調査を、しかも未だ市民権があるようでなかった「女子ども」の領域にあった「昔話」でしたから、その調査を引き受ける人がなかなか見つからなかったのだということでした。

「会」を発足させたとはいえ、専門家は一人もいない素人集団で未熟者の集まりでした。会員は二十名にふえていましたが、みな似たりよったりのメンバーたちでした。三年間で全県の語り手を訪ね、それをまとめるという調査は、どう考えても、わたしたちにとって当初から無理だと思われましたが、一方、わたしは、この調査は全県の民話の伝承情況を俯瞰できるまたとない機会ではないかとも思いました。よい勉強の機会としてとらえたいとも考えました。

そして、なによりもこの調査の中で、語り手永浦誠喜さんの民話をすべて記録することができるのではないかと思ったのでした。わたしは「責任者」として、この調査を引き受けることを決心しました。

すぐに永浦さんを訪ねました。

久しぶりにお目にかかった永浦さんは、「おう。おう」と手を延べて再会を喜んでくださいました。

そして、縷々述べたわたしの願いに気持ちよく応えてくださって、それ以降、あるときは泊まりがけで仙台へ足を運んでもらい、あるときはこちらから南方町へ出かけ、そうこうして、三年のあいだに二二九話を聞かせてもらうことになりました。その記録は手書きの粗末なものですが、「資料集」という形で十五冊にまとめて残しました。

わたしたちは、調査をおこなった三年間で、全県から実に二、五一三話を収録しましたが、『宮城県の民話　民話伝承調査報告書』（宮城県教育委員会、一九八八年）として一冊にまとめる際には、各町村からまんべんなく数話を選ばなければならないという事情もあって、約一割のわずか二七四話のみを活字にして掲載するにとどまりました。永浦さんの民話も二二九話の採録のうち、わずか三話だけの紹介ということになってしまいました。

しかし、耳で直接聞いたその語りは、佐々木徳夫氏の本で読んだものとはまったく違う味わいを持っていました。永浦さん特有の聞き手を慮った丁寧な情景描写や説明——それはまた、民話やその登場人物たちに対する語り手の愛情といってもよい——は、ゆったりとした語りのリズムを醸し、聞く者を物語の中へ誘い込みました。

しかし、この味わいをも伝えるべく文字化していく作業はこの上なく困難で、到底わたしの手に負えるものではないように思われました。もう少しの時間が必要でした。

三　出会いから三十年が経って

そうこうして、出会いから数えておよそ三十年の月日が流れました。

その後も折にふれて、わたしは永浦さんのもとへ足を運んで、その語りを聞かせてもらっていました。

そして、永浦さんが九十歳になろうとされる時のことでした。

わたしは永浦さんが記憶される膨大な民話の群れすべてを、もう一度聞かせてほしいと考えました。あのおびただしく語り出された民話の数々は、九十歳になられた現在、どんな形で永浦さんの身体に宿っているのかを知りたい、そして、本当にあのままの形で残っているのかを確かめたい、そんなまことに不埒とも言うべき思いも捨てがたく抱くようになりました。

おそるおそる永浦さんにそれを申し上げると、永浦さんは破顔一笑し、いたずらっぽい眼差しでわたしの顔を覗いて、「ああ、いいですよ。やりましょう」と、あっさり応えてくださったのでした。夢のようでした。

そして平成十一（一九九九）年十月から、仲間と一緒に、月に一回永浦さんのもとへ通い、朝から晩までその語りを聞かせてもらうことになりました。

九十歳になられた永浦さんの民話を、もう一度すべて聞き、永浦さんを通して、脈々と語り伝えられた豊かな伝承の全貌――それは明日を生きる者たちに贈られる先祖の言葉であり、意思であり、慈悲でもある――それを記録して残す意義は大きく、それは今しかないと感じておりました。そして今度は「文字」だけでなくて「映像」も残したいと思いました。

それで当時、普及していたホームビデオを求め、本当に素人の手仕事でしたが、永浦さんの映像をホームビデオ十四本に残したのでした。今、そのビデオを観ますと、よく撮っておいたものだと、なにか奇跡のように思われます。

「語り」という、まことに儚い形でしか存在し得ない無形の文化遺産ではありますが、それをかくも豊かに、そして、正確に伝承しておられる永浦さんの存在を、文字と映像によって誇らかに記録しておきたい、その語りを享受し、受け継いでいきたい、それができたらどんなにうれしいことであろうかと、その一心でした。

以来、月に一度、南方公民館の一室をお借りして朝から夕刻まで語っていただいたのです。「知っていることはみんな語り残しておきたい」というお気持ちがひしひしと伝わってきて、笑ったり驚いたりしながら、日がな一日その語りを聞きました。まことに至福とも言うべき時間が、翌年（二〇〇〇年）七月まで続きました。

聞き手のほうが疲れてしまっても、永浦さんが「もっと語りましょう」と言われることもたびたびでした。そのあいだには体調を崩して入院されることもありましたが、それでも、わたしたちが訪れる日には点滴注射をして備えていてくださったありがたさを、忘れることができません。

平成十二（二〇〇〇）年七月、十回目の採訪にうかがった日、「これで、もう出てこない」と笑って言われましたが、その時までに、明確な記憶によって語ってもらった民話は二六八話にのぼっていました。驚くべきことでした。

さらに驚いたのは、かつて（昭和六十一［一九八六］年から六十三［一九八八］年）語ってもらった話と、それから十五年あまり経って聞く、今回の語りを比べて、一話の骨格はもとより、擬態語の一つに至るまでまったく同じだったことです。

すべてがきちんと頭の中に記憶されていたのでした。若干の違いがあるとすれば（その違いもまた貴重な資料ですが）、聞き手として未熟であった者のために、以前に聞いた語りには懇切な説明が挿入されていたことです。

今回はそうした説明が省かれて、一話の姿が生で出てきているように感じました。かつて永浦さんがお祖母さんから民話を聞いたあの日に、幼い頭に焼き付いたそのままが出てきているように思われました。

わたしは今回聞いた語りを中心にして、永浦さんの民話をなんとかして、文字としていい形ですべて残したいと強く願いました。そして、その作業に着手し、平成十三（二〇〇一）年十二月に、『登米郡南方町の民話　青島屋敷老翁夜話』上中下巻の三冊で全八九〇ページに及ぶ民話集を、「みやぎ民話の会叢書」として自家本の形で世に送り出したのでした。

いまそれを手にすると、たくさんの間違いや、活字に置き換えることができないままに記した粗雑さが見え隠れして恥ずかしくなりますが、当時のわたしにとっては精一杯の仕事でした。

「もう出てこない」と笑って語り納められたその年の秋から、永浦さんは寝たり起きたりの日が続くようになりました。かろうじて間に合った民話集を、その手に取ってもらった日のことはよく覚えています。休んでおられたので、寝間着姿でしたが、永浦さんはいつもの深い眼差しをわたしに向け、三冊にもなった民話集を手にとって、「ほほう。こんなにありましたかな」と、いいお顔で笑ってくださいました。

それから間もなくでした。その大きな生涯を閉じられたのでした。享年九十二歳でした。永浦さんの身体に宿っていた「民話」の精霊が、わたしたちがそこへ通って語りを聞かせてもらったあの時期、永浦さんに力を貸し続けていたのだと思います。深い感慨を覚えます。

語ってもらった二六八話のうち重複を避けて選んだ二四九話を収めた上中下巻の三冊の民話集が、その死後に残りました。

永浦さんの人生の終焉のときにこれを見ていただくことができ、そして世に送り出すことができたのは、いまもわたしのささやかな誇りです。

四　語りの土壌をなしたもの

永浦誠喜さんは明治四十二（一九〇九）年四月十七日、登米郡南方町青島屋敷において、父清治さん、母みどりさんの長男として誕生されています。

三つ年上のきみゑさん、そして永浦さん、下に弟三人妹一人、合わせて六人兄弟の長男でしたが、祖母よふさんから、好んで民話を聞いたのは、姉きみゑさんと永浦さんの二人だったということです。

隣の迫町新田から、永浦誠喜さんの祖父の後妻として嫁にこられた祖母よふさんでしたが、たくさんの民話を記憶しているばかりでなく、それをまことに巧みに語る方であったといいます。よふさんは、前章で述べた「伊藤正子さん」の母よしのさんの母であり、誠喜さんと正子さんはともによふさんの記憶の中に生きていた民話を聞いたということになります。永浦さんは、こんなふうによふさんのことを言っておられます。

　物心つく頃から、昔話を聞いて育ったような気がすんのね。三つ上の姉がいたんで、最初は姉に聞かせるために、お祖母さんは語っていたのだが、いつの間にかわたしもとりこになったのしゃね。毎回、同じ話を繰り返し聞いても、他に楽しみの少ないときのことだから、「もっと語れ。もっと聞かせろ」とせがんで、お祖母さんを困らせたような気がすんのね。

よふさんの語り始めは、かならず「むがし、あっどごになあ」で始まり、どんな話も「えんつこもんつこ　さけだとやあ」で終わるのが常であったと言います。

語って聞かせられた場所は、囲炉裏、そうでなければ土間の隅のカマドの焚き口にムシロを敷いて、祖母よふさんを中心に、右と左に姉のきみゑさんと永浦さんが座って、聞いていたそうです。

まだ電気もなく、わずかなランプの灯りをたよりに、囲炉裏端で縫い物をするよふさんのそばで、また、カマドの焚き口にしゃがんで火を見るよふさんの脇で、小さい膝を抱えて語りを聞く幼い永浦さんの姿が目に浮かんでくるようです。

また、同じ町内から嫁いできた母みどりさんからも聞いているということです。嫁としての仕事に追われながらも、永浦さんお得意の「ひょうろんこ、ひょうろんこ」、そして「シワとゴワ」など三十話ほどは、母みどりさんから語って聞かせられたものだと言われます。

その他、祖父金治さん、父清治さんから聞かせられた話もあると言います。

こうした家の内で聞く語りの他に、外から来た人たちによってもたらされる話にも、永浦さんはよく耳を傾けたと言います。当時は、風呂をたてる家は限られていましたが、永浦さんの家はその一軒でした。もらい風呂に訪れた人たちが、湯から上がって囲炉裏端でくつろいで語る四方山の話を聞くのも、大きな楽しみだったそうです。

こうした環境の中で、永浦さんは昔話のとりこになって幼児期を過ごしますが、やがて小学校に入る頃になると、馬の鼻取りなど農作業の手伝いが始まります。その際に、手間取りに来ていた近所の人から、祖母や母たちから聞くのとは一色違う大人の話などにもよく耳を傾けたということです。

学校生活という新しい集団社会が広がり、大人に混じって農作業の手伝いにも加わる年齢になるにつれ、幼児期に楽しんだ祖母や母の語りから次第に遠ざかっていくのが自然の成り行きですが、しかし、永浦さんの場合は、「民話」のほうが永浦さんを手放さなかったようです。永浦さんをもう一度民話に引き戻すきっかけが、学校の教室の中で起きたのでした。

体操の時間、いまのように屋内体育館もないから、外で体操やった。雨降ると、外さ出られないから、廊下で足踏みしたり、手足伸ばしたり、そいづぁ、五、六分でおしまいにして、あと、昔話したの。一組しかなかったし、四年生からずっと持ち上がりで、同じ先生に受け持たれたが、その先生が昔話をうんと好きな先生でね、「順番に昔話語れ」ちゅうこと言って、最初のうちはみんなで語ったんだね。

だけっども、知っている人ぁなんぼもなくて、わだしが、お祖母（ばん）つぁんに聞いていてたから、そいづしゃべってるうちに、明日は雨降りそうだなぁってなると、前に何回も聞いて知ってる話でも、お祖母つぁんにたのんで、「あいづ、もう一回語ってけろ」って、語ってもらって、そいづを教室で話したんだね。

五年生になったどきは、もうわだしの独演会みでぇになって、先生も、「永浦、おまえ、語れ」って言うようになってしまったから、またお祖母つぁんに聞いて復習して、そいづ語った。そんなことが四年生、五年生、六年生と、三年も続いてね。

永浦さんは、往時を思い出して、こんなふうに語られました。小学校も中学年になって、さまざまな生活の変化もあり、物事への興味も広がって大人へと成長し始める時期、いわば「昔話」を卒業し始める頃、ふたたび、よふさんにせがんで昔話を語ってもらい、幼い記憶を呼び戻して復習し、それを教室で語ったということは、永浦さんと民話の繋がりを考えるときに、とても大きな出来事だったと思います。しかも、大人になっても引き継がれる記憶が定着する年齢での出来事であり、三年間もそれを続けたというのですから。

永浦さんに語ってもらった民話の中には、他県から転居してきた同級生の女の子が教室で語ったものだという話もありました。生徒たちによる語りっこは、「家の内の語り」「村の語り」を越えて、その後、永浦さんが広い世間の民話にも興味深く耳を傾けていかれる根を作っていったに違いありません。

こうして「聞く」楽しみから、「語る」楽しさを知るようになった小学生の永浦さんの姿は、こんな言葉からも汲みとることができます。

わだしは、子どもの頃、おしょしがりや（恥ずかしがりや、引っ込み思案）でね、内気なほうだった。元気はいいけれど、おとなしいの。んだから、最初は、語るの、おしょしかったげっつも、何回もしゃべっているうちに、得意になってしゃべるようになったの。

お祖母さんに聞いた民話を語ることが、永浦さん自身の心を耕していった、その過程がよくわかる言葉だと思います。

五　村に生きる

一方、小学校をおえて高等科へ進む頃から、永浦さんの関心は農業に傾いていきました。

農業好きになったのは、おれ、六年生のどき。隣に農林学校さ通ってた人あって、その人にキャベツの苗十株ばりもらったのね。「植えて、育ててみろ」って。んでぇ、植えてみたらね、それ、とっても良く育(おが)ってね。その頃は、キャベツって語んねぇで玉菜(たまな)って語ったが、あんまり、どこの家でも作っていないどきでね。

めずらしいキャベツの苗をもらって、うまく育てたことが、十二歳の永浦さんに農業の楽しさと作物を育てる喜びを教えたということです。

以後は、農業一筋にその人生を全うされることになります。代々の農家の長男として、農業の道を歩き始めた永浦さんは、部落の青年団に入り、やがて団長として若い人たちの先頭に立って、活動の輪を広げていかれました。

なかでも永浦さんがこだわったのは野菜の種でした。質の悪い種を高く買って苦労するよりはと考えて、良質の種を京都まで探しにいき、そこから共同購入して安く手に入れることを取り計らったり、タマネギなどの、当時はまだめずらしく新しい野菜の栽培にも挑戦したり、成功すると他の人たちにも広めるために、自転車に乗ってあちこちへ、つくり方を教えに回ったりもしたそうです。

「なんでもやってみた。やってみないことはなかったね」

そう言われるほど、果樹栽培を始めあらゆる品種を試み、取り込み、そして広めてこられたその歩みは、農業を本当に愛した永浦さんならではの足跡だったと思います。

昭和二十八（一九五三）年、四十五歳の働き盛りには、優秀な米農家として農林大臣賞（全国で三人）を受賞し、のちには知事賞も二度受けておられます。

また、民謡が好きで、後藤桃水（とうすい）のもとへ通ったという父清治さんの血を受けて、永浦さんもまた民謡のすぐれた歌い手でした。自らうたうだけでなく、「みちのく早苗（さなぶ）振り大会」や地元で開催された「ＮＨＫのど自慢」などでは審査員を務めたこともあったそうです。また、地域の民謡を発掘して、よい歌い手を何人も育てられました。

民謡と昔話、どこかで繋がってつかもしれないね。三回くらい聞くと、だいたいリズムで覚えるんだから。民謡だけでなく歌謡曲だって同じですよ。

「リズムで覚える」という言葉は、民話の側から聞いても大きい意味があります。

お神楽もまた、永浦さんが「うんと好きでね」と言われるもので、戦後廃れつつあったものを惜しんで、昭和二十六（一九五一）年には登米郡のお神楽を中心に、「南部神楽保存会」をつくり、地域の神楽大会を、各町村回り持ちで、三十四年間もの長きにわたって続けてこられたのは驚くべきことです。そのうちのいくつかは全国大会で最優秀賞を受ける栄誉に輝いています。

こうした話を聞いていると、永浦さんが生業である農業とともに、地域に根ざした文化芸能をどんなに大切にしておられるかが、よく伝わってきます。それを物語るひとつに、永浦さんが、初代館長を務めた「南方歴史民俗資料館」の設立があります。「資料館」と名前は立派ですが、山陰の平屋住宅に小さな看板が掲げられていて、気が付かなければ通り過ぎてしまうつつましい姿で、それは建っていました。農村の暮らしが大きく変わる中で、打ち捨てられていく過去の道具、日常の民具、そして、南方町がかつて海であったことを語る貴重な遺物の数々を収めた小さな資料館です。

最近こそ、各地で歴史民俗資料館の設立はめずらしくありませんが、昭和四十年代という時代に、人口一万人足らずの南方町に歴史民俗資料館ができたということは、そこに永浦さんという「人」があったればこそだという思いがします。この他にも、農協理事、ＰＴＡ会長など、地域のために大きな足跡を残してこられました。もうひとつ、永浦さんの存在があって実を結んだ「みなみかた花菖蒲の郷公園」に触れないわけにはいきません。

昭和四十七（一九七二）年、公民館長であった永浦さんは新聞記事を読んで、石巻の「牧山花菖蒲苑」を見学に行かれます。そして、あまりに見事なうつくしさに驚いて、翌週には教育委員会の職員たちを誘ってふたたび訪れたそうです。

「この地でこのようにうつくしい花が咲くなら、南方町でも咲かせることができるはずだ」

永浦さんはそう考えて、さっそく着手されたのでした。

まず、十七種類の花菖蒲の株を一株ずつ買ってきて植え付けたところ、それがきれいに咲いたそうです。自信を持った永浦さんは、翌年、バス二台を仕立てて婦人会の会員を石巻へ案内して、「町内でも植えてみましょう」と呼びかけたと言います。

花の好きな婦人たちを見込んで連れ出すところは、永浦さんの策略でした。案の定、みなさんが喜んでそれぞれの屋敷内の空き地に株を植えたそうです。それが育って株の数も増えた二年後には、持ち寄った株を川岸にずらりと植えたと言います。

それがうつくしく咲きそろった頃に、町長を引っ張ってきて見せたところ、大層気に入って「こんなにきれいに咲くなら、川岸の空き地いっぱいに植えてもらいたい」と言われたそうです。

公民館長を退職してからは、老人クラブの連合会長を引き受けていた永浦さんは、各老人クラブに呼びかけて、南方の川縁を花菖蒲でいっぱいにしました。みんな張り切って、「よい生き甲斐づくりだ」と喜んで花菖蒲に打ち込んだそうです。すべて老人や婦人たちのボランティア活動でおこなわれ、助成金ももらわないで、育てた株を売って新しい株を仕入れるというやり方でした。やがて利益も上がるようになって、若干のお金を配分するまでになったというのですから驚きます。

宮城県が、村おこしの先駆けともなったこの活動に注目して、自治省へ報告申請したら、思いがけなくも八億円の奨励金が給付されることになり、南方町挙げての大事業に発展したのでした。それを基に公園敷地を購入して、造成したのが現在のすばらしい「みなみかた花菖蒲の郷公園」になったというわけです。

屋敷内の空き地から、川べりの空き地へ、そしていまは五ヘクタールの広大な公園いっぱいに咲き誇る花菖蒲園が生まれました。

「花菖蒲といえば南方町」と言われるほどの観光名所になって、花の咲く時期にはたくさんの人が訪れています。そこに立つ度に、最初の一本を植えた永浦さんの温顔と、それを育てた永浦さんのごつごつした逞しい手とが、端然と咲き誇る花菖蒲とだぶって見えてきます。

六　民話への道

永浦さんは妻こはるさんとのあいだに四男四女のお子さんをもうけられました。

お子さんにはもちろん、お孫さんたちにも折に触れて民話を語ってきたということですが、わたしが初めてお目にかかった時には、妻こはるさんはすでに亡くなっていました。その後、農作業を手伝いに来た人の火の不始末で、家を全焼するという運命にも見舞われておられたのでした。

けれども、いつでもどこでも、温顔の笑みを失わないで、文字どおり前を向いて生き抜く姿勢を貫かれる永浦さんでした。

十五年ほど前、本吉郡本吉町（現在は気仙沼市本吉町）へ採訪に行った時にお目にかかった語り手の佐藤伸悦さん（大正十三［一九二四］年生）が、こんなことを言われました。

「軍隊にいたとき、永浦さんの昔話を聞いたんだよ。あの人はみんなに慕われていたよ。県別のマラソン大会でも宮城県が優勝したけど、それは永浦さんがいたからだ。ゆっくり走るのに強かった」

その話を永浦さんにしたら、まるで他人事のように、

「そんなこともあったようですね」

と、目を細めて笑っておられました。


戦地には行かなかったが、昭和二十（一九四五）年一月に召集令状が来てね、三十六歳で青森駐屯部隊に入隊したんですよ。そこで終戦を迎えたんです。

日曜日休みの日にね、炊事担当の兵隊から「おめえ、明日はうまいもの食わせるから、昔話聞かせろ」って言われて、して、語ったんだね。みんな自分の村を離れて来てっから、なつかしがってね。昔話もする、浪花節も語る、民謡もうたう……。


かつて小学校の教室で語った永浦さんは、今度は軍隊の舞台で独演会を演じておられたのでした。

佐藤伸悦さんが、永浦さんの民話を聞いて、

「若い上官にひどく殴られて気持ちが沈んでいるようなとき、永浦さんの昔話に笑って励ましになった」

と述懐しておられたのも忘れられません。

また、「ゆっくり走るのに強かった」という永浦さんのマラソンでの走り方は、永浦さんのお人柄そのものだと感じました。一歩一歩、しかし、先見の明を持って着実にゴールへ向かう姿は、永浦さんの人生に重なってきます。いつも周りのこと、みんなのことのために力を惜しまず、走り続けたその姿に、どん

なにたくさんの人が励まされてきたことかと思います。

さて、軍隊から帰り二十年ほどの年月が流れ、先に述べた佐々木徳夫氏による『永浦誠喜翁の昔話　宮城』が生まれるきっかけがありました。最後にいただいた永浦さんからの手紙には、そのあいだのことがこんなふうにしたためてありました。

「昔話を語って四十年。昭和四十二年秋、当時、公民館長をしていたわたしを訪ねて一人の外国人が来ました。アメリカのインディアナ大学院生でロバート・アダムスという人。誰に聞いたのか、わたしに昔話を聞かせてくれとのことである。それまでわたしは大分知っているとは思っていたが、どれだけ話せるかわかりませんでした。それで、せっかく来たのだからゆっくり話そうと思い、自宅に連れて帰り、二晩泊めて三十位話したと思います。それが昔話を呼び起こすきっかけになり、そのとき一緒においでになった佐々木徳夫先生から、眠っていたわたしの話を目覚めさせていただき、どうにか他人様の前でも話せるようになりました」

こうした経緯で、佐々木徳夫氏がまとめられた永浦さんの語りによる『永浦誠喜翁の昔話　宮城』が昭和五十（一九七五）年に刊行されたのでした。

そして、佐々木氏のお仕事を一つの手がかりにして、わたしたちが永浦さんから二二九話を聞き、それを「資料集」として文字化したのは『永浦誠喜翁の昔話　宮城』が出版されてからおよそ十四年後のことでした。

さらにそれから十三年を経て、その語りの全貌に近づく民話集『登米郡南方町の民話　青島屋敷老翁夜話』上中下巻を、わたしたちは、世に問うたのでした。

わたしは、永浦さんの後ろ姿にずっと励まされてきました。

永浦さんの手は、「人間の手は、本来、なによりの道具だったのだ」と、あらためて気付かされる頑丈で骨太な手でした。小柄なお身体に似合わない大きな手でした。

「この手で、なんでもやってきた。やらないことはなかった」

と笑いながら、それをかざして見せてくださいました。

お別れするときは、いつも握手して、わたしはその手のぬくもりから力をもらっていたのでした。

引用した先の手紙の最後には、

「佐々木徳夫先生に呼び起こしていただいた昔話ですが、それを九十歳になる今日まで、語り続けることができたのは、小野和子先生に会ったからでした。わたしの昔話を聞きにこられたのはみんな男性の先生方でした。女性の聞き手は初めてでした。一回か二回来て、それでしまいかと思ったのだが、小野先生との付き合いが一番長くなりました。初めて、南方の公民館に来られてから、三十年あまりになりますが、二十回は来てもらったと思います。一番長い付き合いになりました。九十年も生きると、いろいろなことがありましたが、ややもすると、ほんとうの話でも自慢話にしか聞こえないのが多いのに気づきました。お許し願います」

と記され、さらに、

「聞いてくれる人がいたから、ずっと語ってきました。ありがたいことでした」

と感謝の言葉が記されていたことが忘れられません。

永浦さんその人を物語る言葉として胸に刻んでいます。

犬の恩返し(おんげえ)

むがし。

あるどごろに貧乏な百姓の家あって、その年は作物の出来悪(できわり)ぐて、お正月するの大変(てえへん)になってしまったんだと。

んでぇ、年越しの日に、まさか金借りてもいらんねぇからって、年越しの前の日に、

「隣村の友だちのどごさ行って、金借りてくっからな」

って、家出はったんだと。

貧乏で帯も容易に買えねぇしするから、古い木綿手拭い、帯のかわりにしめて、金借りさ行ったんだと。

「なんとか貸してけろっちゃや」

って言ったら、

「いい。たいした金でねぇしするから」

つことで、貸してけたんだと。

そして、その金、懐(ふところ)さ入れて帰ってきたんだと。

隣村の境(さかえ)に、細いけっども深(ふけ)ぇ川あって、そごさ丸太一本渡(わだ)して橋にして、人が一人やっと歩けるようにしてあったど。

丸太橋渡んので、固くなってだかして、橋の中頃まで来たら、古手拭いの帯ぁ、ぽつんと切れてしまって、借りてきた金、財布がらみ落どしてしまったんだと。

〈あらっ〉

と思っているうちに、下から、すうっと三尺ばりの大きな鯉、浮かんできてぱっくと財布呑んで、また沈んでいってしまったど。幅こそ狭いが、深さ三尺も四尺もあるような川で、追っかけていって取るようもなにも出来ねぇ。

〈さあて、大変だ。年越すんのに金なくなってしまった。鯉に食れでしまったが、いまから尋ねるわけにもいがねぇしするから、なじょにすべえ〉

頭掻いて、手で着物の前をおさえて、しどろもどろ足踏みして、家さ帰ってきたど。したら、家の入り口のどこさ、飼ってた犬っこ座っていたんだど。

その犬っこはな、春先ちょっと前に、麦の手入れして帰ってきたれば、藪の中でクンクン鳴いているものあったから、見たれば小こい犬っこだから、拾って育てていたんだど。

白い犬っこだからシロと名前つけて、魚など食うときも半分食せでやって、自分たち食う物なぐてもシロさは腹一杯食わせるようにして、大切に育てていた犬なんだと。

入り口に座ってたシロさ頭押っつけて、涙流して口説いたんだど。

「やあ、シロや。金借りたのぁよかったげんともやぁ、途中の川で落どしてしまって、そいづ、鯉がくわえて沈んでしまったでばぁ。年越すっても、なじょしたらいがんべやぁ」

って、おいおい泣いたど。

シロ、じっと聞いていたったど。

まあ、犬さ口説いてもなんにもならねぇから、それから家さ入って、おがっつぁん（おかみさん）さ口説いたんだど。

「そんでぇ、仕様ねぇな。金なくても年取るほかねぇ」

って言われたんだど。

ところが、その夕方から、シロ、さっぱり姿見えなぐなったど。

「どごさ行ったべや。おれ、戻ってきたどぎ、門口で迎えるようにしていたったが。飯も食わねぇでやぁ、まず」

って言っていだったど。

一夜明けて次の朝、しばらくすっと、シロ、なにか大きなものをくわえて、ずるずると引きずってきたど。見たら、そいづ、大きな鯉だったど。

親父つぁんに首つかまれて口説かれたこと、よく聞きわかったかして、シロ、川さ行って、大きな鯉が姿あらわすのを待っていたったどや。そして、その姿見たから、水さ飛び込んで、そいづ、くわえてきだったど。

「たしかにこの鯉だ。シロ、おれの話わかって、そして、くわえてきたもんだべ」

喜んで、鯉の腹裂いてみだっけ、その中からお金出はってきたんだど。

「おかげさまで、これ、シロがいるおかげで、いいお正月になるな」

って、うんと喜んだど。

それからあと、鯉、切ったれば、三尺もある鯉だったから、お正月、お客さま来ても間に合うくれぇ、そいづ食ったど。
んだから、犬の恩返しで、いいお正月迎えで、りっぱにお正月を過ぐしたんだとしゃ。

こんで　えんつこもんつこ　さけたど

最終話にかえて

商人の妻

特売の折り込み広告つくりたれば客競ひ来てなにがなく寂し　須磨子

消し壷に最後の熾（おき）を寝かせつつ今日一日の暮らしを終えり

施設の子冷害の地になにがしの見舞送りて心やすめり

これは、わたしの母須磨子が詠んだ歌です。

広告の師について学んだこともなく、どこかのグループに入って研鑽をつんでいたこともありません。広告の余白などをみつけて、ただその時の思いを走り書きしていたのでした。商人の妻としての母の一日は、まことに忙しくて、休む暇なく走り回っていたという印象でした。そのあいまに、時々の思いを歌に残していたことを知ったのは、母の死後のことでした。

五十歳を過ぎて病に伏すようになった時、ベッドに横になりながら、「ああ、わたしはこれでやっと休める」と、病のおそろしさよりもベッドでの静かな時間が与えられたことを喜んでさえいた様子でした。しかし、病魔はそんな時間を長くは許してくれませんでした。次第に重くなる病状に苦しみながらも、母は、なお「生きる」喜びと尊さを詠い、周りの人たちへの優しい眼差しを持ち続けました。同時に、吐き出さずにはいられなかった心の飢えをも赤裸々に詠いのこしていました。

窓越しに白けくる空を見上ぐれば今日も明けりとうれしかりけり　須磨子

手術直前長き髪を三つ編みにして頭に巻きて若やいでみる
窓越しにみどりの松が見えるようにベッドの位置を変へんと吾子は
藤色の襟刺してあり見舞にと友がなさけのさらし肌着は
人知らぬ奥山に入りて我ひとり大声をあげて泣いてみたしと思ふ
ただひとりただひとりにて広き野をさまよひし夢を見ぬ寂しくもなし

生涯を和服で過ごした母は、病床にあっても白足袋を履いていました。ある日、その足袋を脱いで、ぱたぱたと振ってみせました。すると、白い粉が落ちました。母は、「生きてるってことはゴミが出るってことなんだよ」と言って、おかしそうに笑ったのでした。この言葉の含蓄に胸を刺されて、わたしはわたしのゴミを見つめて、今日を生きています。

＊　引用した短歌は、塩瀬須磨子の死後に『桔梗の花』（自家本、一九九〇年）と題して発行した一冊の中からとった（初出：短歌ムック『ねむらない樹』vol. 6　巻頭エッセイ［書肆侃侃房、二〇二一年］より改定）。

あとがき

山の村や海辺の町をたずねて、民話を語ってくださる方を求めて小さな旅を続けてきました。五十年あまりになります。

とれだけ多くの方に出会ってきたことか、その数は数えきれません。わたしは何かに急かされるようにして、宮城県を中心に東北のあちこちをただやみくもに歩いてきました。それでは東北の出身かと思われるかもしれませんが、生地は岐阜県高山市で、上京して大学で学び、縁あって仙台の地に落ち着いたのでした。そして、言葉も地理もおぼつかないまま、ただ「聞きたい」という気持ちだけで、民話を語ってくださる人を求める旅に出たのです。

そのとき、わたしはすでに三十代半ばでした。子どもは八歳を頭に、四歳、一歳と三人いました。日曜日になると、大学の教員であった夫に子どもたちを預けて、わたしはそわそわと出かけました。思い返せば、驚くほどの無鉄砲な行動ですが、当時はそうとも思わないで、なにかに急かされるような気持ちで家を後にしていました。

言葉も服装も違うわたしが、「民話を聞かせてください」と言って、突然にその門を叩くのは、村人にしって異常なことだったと思いますが、出会った人々はいつもやさしくて、つらい思い出は出てきません。日本の農村社会の奥深いやさしさに守られて、無鉄砲なわたしは、歩きつづけることができたのだと思います。

突然の来訪者のわたしでしたが、家に上げてもらってお茶をいただきながら、また、あるときは田の畔に座り込んで、また、あるときはバス停でバスを待ちながら、語ってくださる方からもぎとるようにして、ひとつふたつと民話を聞かせてもらったのでした。それは「むかしむかし」の民話だけでなくて、狐や狸の話、ふしぎな話、旅の坊さんの奇行譚、哀しい嫁の話などなど、多種さまざまでしたが、それらすべてを、わたしは大事にいただいてきたのでした。

ここに取り上げたのはわずか八人ですが、どの方も驚くばかりの数多くの民話を記憶しておられました。語ってもらった民話をまとめてそれぞれに一冊にしてきましたが*、本書では敢えてその「民話」ではなくて、それを語った「その人」と「その暮らし」に焦点をあてました。語ってもらう民話の合間に聞く、その人ならではの人生のおもしろさをなんとか文字にして伝えたいと願って書きました。

その表題として『忘れられない日本人——民話を語る人たち』としました。

賢明な読者はすぐに宮本常一氏の名著『忘れられた日本人』(未來社、一九六〇年)を連想されるかもしれません し、同著はわたしが長年大切にしている書でもあります。しかし、それをもじったという意識はまったくなく、自然にこの表題が浮かび、これ以外は考えられなかったことを、ここにお断りしておきます。

なお二〇一九年に出版しました『あいたくて　ききたくて　旅にでる』は、若き友清水チナツさんの手によって世に出ました。本書もまた、その友情に支えられて世に送り出すことになりましたこと、心からの感謝とともにここに明記させていただきます。

二〇二四年二月　小野和子

＊本書に取り上げた語り手の民話集一覧

一『長者原老媼夜話　山形県飯豊山麓の民話』（評論社、一九九二年、全三五〇頁）
　佐藤とよい語り―小野和子　編

二『小松仁三郎のむかし語り・はなし語り　どーびんさんすけ　さるまなぐ』（みやぎ民話の会叢書第七集、一九九九年、全二六三頁）
　小松仁三郎語り―小野和子・山田和郎・山田裕子　共編

三『栗駒町猿飛来の伝承　楳原村男翁の唄と語り』（みやぎ民話の会叢書第十一集、二〇〇五年、全三一九頁）
　楳原村男　語り―小野和子・佐久間クラ子・島津信子　共編

四『栗駒山南山麓の昔語り　むがす　むがす　ずうっとむがす』（みやぎ民話の会叢書第六集、一九九八年、全三〇〇頁）
　佐藤玲子　語り―小野和子　編

五『佐々木健の語りによる　遠野郷宮守村の昔ばなし』（世界民話博実行委員会、一九九二年、全三九〇頁）
　佐々木健　語り―小野和子・庄司幸栄　共編

六『佐々木トモの語りによる　宮守物語　早池峰山系の民話』（岩手県宮守村教育委員会、二〇〇二年、全二九五頁）
　佐々木トモ語り―小野和子　監修　岩手県宮守村教育委員会　編

七『「母の昔話」を語りつぐ　登米郡迫町新田の民話』（みやぎ民話の会叢書第九集、二〇〇〇年、全四一六頁）
　伊藤正子　語り―小野和子・加藤恵子・小林雅子・早坂泰子　共編

八『登米郡南方町の民話　青島屋敷老翁夜話』上中下巻（みやぎ民話の会叢書第十集、二〇〇一年、全八七六頁）
　永浦誠喜　語り―小野和子・秋山伸二・山田和郎・山田裕子　共編

著者略歴

小野和子

おの かずこ

民話採訪者

一九三四年岐阜県生まれ、宮城県在住。一九六九年から、宮城県を中心に東北の村々へ民話を求めて訪ね歩く民話採訪、民話の編纂に従事する。その傍ら、児童文学作品の翻訳や児童書の執筆も手がける。一九七五年に「みやぎ民話の会」を設立し、二〇〇五年まで代表、現在は顧問を務める。

一九九五年に「みやぎ児童文化おてんとさん賞」、二〇一三年に「宮城県芸術選奨」受賞。著書『あいたくて ききたくて 旅にでる』(PUMPQUAKES、二〇一九年)で、二〇二〇年に「第七回鉄犬ヘテロトピア文学賞」及び、二〇二二年に「第十回梅棹忠夫・山と探検文学賞」受賞。その他のおもな編著書に『長者原老媼夜話』(評論社、一九九二年)、『みちのく民話まんだら 民話のなかの女たち』(北燈社、一九九八年)など。みやぎ民話の会叢書第一集から第十五集までを監修。

小野和子
『忘れられない日本人 ―― 民話を語る人たち』

2024年2月14日 初版第一刷発行

執筆
小野和子

編集
清水チナツ（PUMPQUAKES） 櫻井拓（のほ本）

表紙・装画
菊池聡太朗

写真提供
小野成視（p. 6） 小松仁三郎（p. 138、p. 216） silent voice / 濱口竜介・酒井耕（p. 315）
著者（p. 323上段） 志賀理江子（p. 323下段）

造本設計・デザイン
大西正一

協力
語り手のみなさま・ご家族のみなさま
小野桂子 小野史子 小野邦彦 長崎由幹 長崎来春
みやぎ民話の会
共同紙工株式会社 建築ダウナーズ
せんだいメディアテーク

印刷
株式会社ライブアートブックス
プリンティングディレクション
川村佳之 清水チアキ

発行人
清水チナツ
発行所
PUMPQUAKES（パンプクエイクス）
〒980-0815 仙台市青葉区花壇4-30-406
050-5373-8514 | www.pumpquakes.info | pumpquakes@gmail.com

ISBN 978-4-9911310-1-1 C0095 3200円+税